W0063163

Gemeinschaft der Heiligen:

Ein Nördlinger geistlicher Bilderbogen

Beiträge zur künstlerischen Ausstattung
der Nördlinger St. Georgskirche
und der Spitalkirche
zum Heiligen Geist

von
Klaus Raschzok
1998

1

Die deutsche Bibliothek – CIP-Einheitsaufnahme

Raschzok, Klaus: Ein Nördlinger geistlicher Bilderbogen: Gemeinschaft der Heiligen; Beiträge zur künstlerischen Ausstattung der Nördlinger St.Georgskirche und der Spitalkirche zum Heiligen Geist/Klaus
Raschzok. – Nördlingen: Verlag F. Steinmeier 1998
ISBN 3-927496-52-9

© 1998. Alle Rechte vorbehalten
Verlag F. Steimeier, Nördlingen
Fotos: Klaus Raschzok; Wolfgang Boullion; Fritz Steimeier; Matthias
Schwenkenbecher; Uwe Furtwängler; Landeskirchliches Archiv Nürn-
berg; Foto-Finck Nördlingen.

2

Vorwort

Die Gemeinschaft der Heiligen, von der das apostolische Glaubensbekenntnis in seinem dritten Artikel spricht, ist in der Nördlinger St. Georgskirche gestalthaft erlebbar. Die reiche künstlerische Ausstattung der zwischen 1427 und 1505 errichteten spätgotischen Hallenkirche aus spätmittelalterlicher bis frühbarocker Zeit stellt einen der Kirchen- wie Bürgergemeinde anvertrauten Schatz dar. Ihn für die Gegenwart fruchtbar und auf beim ersten Hinsehen oft verborgene Zusammenhänge aufmerksam zu machen, ist das Ziel der hier vorgelegten Beiträge, die sich zu einem Nördlinger geistlichen Bilderbogen verbinden und auch die Ausstattung der Spitalkirche zum Heiligen Geist mit einschließen. Sie sind ursprünglich im Zusammenhang von Kirchenführungen, Predigten, Beiträgen für den Nördlinger Gemeindeboten und als Begleittexte zu den Jahresgaben der Evangelisch-Lutherischen Kirchengemeinde Nördlingen entstanden. Dankbar widme ich diesen Bilderbogen der Nördlinger Evangelisch-Lutherischen Kirchengemeinde, deren Pfarrer und Dekan ich bis zu meiner Berufung auf den Lehrstuhl für Praktische Theologie an der Friedrich-Schiller-Universität Jena von 1991 bis 1997 gewesen bin.

Jena, an Tag der Darstellung des Herrn (Lichtmeß) 1998

Klaus Raschzok

Inhalt

Die Figur des Heiligen Georg an der Westempore

Die 110 cm hohe und vom Bildhauer Paul Ypser 1507 aus Rothenburger Sandstein gearbeitete Figur des Heiligen Georg ist Teil des Figurenprogramms der 1507/1508 errichteten steinernen Westempore der St. Georgskirche. Die beiden Westjoche des Langhauses und das letzte Joch der Seitenschiffe werden von dieser Empore eingenommen, deren reichfiguriertes Rippengewölbe sich gegen den Raum im Spitzbogen öffnet und dessen Stirnwand Maßwerkblenden beleben. Als formales Gegenüber zur Figur des Heiligen Georg gestaltete Paul Ypser für die nördliche Stirnwand der Empore eine Maria Magdalena und in die mittlere Emporenbrüstung eingelassen ein steinernes Relief mit der Kreuztragung Christi. Hinzu traten als weiterer Emporenschmuck heute nicht mehr sichtbare Aposteldarstellungen des Malers Ulrich Schwindenbach, deren Fragmente bei der Restaurierung der St. Georgskirche im Jahre 1975 aufgefunden werden konnten.

Der Einbau dieser großen Westempore durch den Baumeister Stephan Weyrer entsprach dem Bedürfnis des Nördlinger Bürgertums nach ausreichendem Raum für die Aufstellung privater Kirchenstühle. Beispiele solcher Kirchenstühle sind auf zwei der heute im Stadtmuseum Nördlingen als Dauerleihgabe aufbewahrten Tafeln Friedrich Herlins vom ehemaligen Hochaltar der St. Georgskirche zu erkennen, die die Angehörigen der Stifterfamilie Fuchshart in ihren Kirchenstühlen beim Gebet zeigen. Verbunden mit der Aufstellung solcher privater Kirchenstühle auf der Westempore war auch das gottesdienstliche Geschehen an dem »Unserer Lieben Frau« geweihten Altar. Die Westempore war ja erst seit 1669 Standort der Hauptorgel von St. Georg und trug ursprünglich einen der insgesamt 20 Altäre der St. Georgskirche in vorreformatorischer Zeit. Als Ort des Totengedenkens im täglichen Meßopfer hatten diese Altäre eine wichtige Funktion im geistlichen Leben der Stadt.

Georg und Maria Magdalena erscheinen auch an ihren vier weiteren Orten in St. Georg als Paar einander gegenübergestellt: auf dem Kanzelkorb von 1499, am Hochaltar von 1462, in der Ausmalung des Chorgewölbes durch Sebald Bopp von 1487 und am 1525 fertiggestellten Sakramentshaus – dort jedoch nicht direkt aufeinander bezogen, da Georg zur Bekrönungsfigur des Sakramentshauses erhoben wird und Maria Magdalena mit der Salbbüchse in der Hand unter die anderen Heiligen des reichen Figurenprogrammes eingestellt ist.

Die steinerne Figur des Heiligen Georg an der Westempore steht auf einer achteckigen Konsole, die sich aus den Überschneidungen der beiden Stirnbogen des Emporengewölbes mit der vom letzten Südpfeiler ausgehenden Gewölberippe heraus entwickelt. Georg ist in den Winkel der Stirnwände der beiden Emporenteile eingestellt. Die Figur Paul Ypsers zeigt weder die Dynamik des Georgs aus dem Hochaltar, noch die Jugendlichkeit des Georgs aus dem Chorgewölbe, und auch nicht die Zierlichkeit des Georgs vom Kanzelkorb, sondern wird bestimmt von tiefer Schwere und einer in sich ruhenden Reife der Figur. Mit dem rechten Standbein steht Georg leicht zurückgeneigt hinter dem am Boden überwältigt liegenden Drachen. Das linke Spielbein hat er etwas vom Boden erhoben beherrschend auf ihn gesetzt. Er braucht keinen Gebrauch mehr von seiner Lanze zu machen und stützt sich mit dem abgewinkelten linken Arm nach rückwärts auf seinen Schild.

Trotz der angedeuteten Wespentaille unter der zeitgenössischen Plattenrüstung tritt uns ein stämmiger Körperbau entgegen, dessen Haltung in sich ruhend ist. Der Blick ist nach unten gesenkt. Der auf dem Boden winselnd liegende Drache erhebt Kopf und Schwanz zu Georg hin. Der rechte Arm umgreift entspannt die Lanze, deren oberer Teil fehlt. Paul Ypser könnte hier eine ikonografische Besonderheit von Andrea Mantegna übernommen haben, der zwischen 1495 und 1497 auf einer Reihe von Gemälden die im Drachenkampf abgebrochene Lanze als selbständiges Attribut des Heiligen entwickelt. Das etwas breite Gesicht des Heiligen wird vom auf die Schultern herabfallenden Lockenhaar gerahmt. Trotz der gedrungen wirkenden Figur entsteht ein enormer innerer Abstand zwischen dem Drachen und seinem Bezwinger. Fragmente einer farbigen Fassung werden an der Kragenpartie, an Gesicht und Haar sowie an den Pupillen sichtbar und deuten ebenso wie die durch die rote Fassung hervorgehobene Zunge

Abb. 1 Figur des Heiligen Georg an der Westempore, 1507. Foto: Wolfgang Bouillon

8

des Drachen auf eine ursprünglich völlig farbige Gestaltung der Figur hin.

Wir wissen nur wenig über den Bildhauer Paul Ypser. Neben dem Figurenprogramm der Westempore von St. Georg geht wohl noch die Büste eines Heiligen (oder des Baumeisters Stephan Weyrer?) als Spindelabschluß der Treppe im zur Westempore hinaufführenden südlichen Treppentürmchen von St. Georg auf ihn zurück und werden Arbeiten für die Herrgottskirche in den Kirchenrechnungen genannt. Paul Ypser scheint aus München gebürtig zu sein und ist seit 1494 in Nördlingen nachweisbar, wo er wohl 1524/25 verstorben ist.

Der Heilige Georg, zusammen mit Maria Magdalena der Patron der St. Georgskirche, deckt in seiner Verehrung im Spätmittelalter ein breites Spektrum ab. Seit dem späten 14. Jahrhundert ist er unter die 14 Nothelfer aufgenommen. Er ist ritterliches Vorbild in seiner Tugend, Patron, Vorbild und Helfer für die Bekämpfung der Türken-Gefahr, Beistand in Schlachten und wird auch gegen Pest, Lepra und Syphilis angerufen. Seine Charakterzüge werden in der Legenda Aurea des Jacobus de Voragine mit mäßig in Bescheidenheit, demütig und erdverbunden bezeichnet; ein heiliger Streiter, schwer an Tugenden und ohne fleischliche Lust. Die Legende siedelt ihn zeitlich unter Kaiser Diokletian und sein Martyrium um das Jahr 303 n. Chr. an. Der Georgstag am 23. April war ein wichtiger Tag im reichsstädtischen Leben Nördlingens. Ratswahlen wurden immer an diesem Tag abgehalten, die Kirchweihe wird auf diesen Tag verlegt und selbst nach der Reformation wurde der Georgstag in Nördlingen noch kirchlich begangen.

Bei Führungen in St. Georg, vor allem mit Schülern, habe ich mir immer wieder den Drachen unter den Füßen Georgs beschreiben lassen. Eine zehnjährige Schülerin meinte einmal, daß er wie ein Hund zwischen den Füßen des Heiligen liege, »wie ein Schoßhund, der winselt und gestreichelt werden will«. Dann überlegte die Schülerin noch einen Augenblick und sagte dann lächelnd: »Eigentlich ist es dann ein Schoßdrache«. Später, als die Schüler vor der Georgsfigur des Hochaltars im Chorgestühl saßen, erzählte ich ihnen die mittelalterliche Georgslegende und berichtete von den Bewohnern der heidnischen Stadt Silena, die sich in ihre Angst vor dem Drachen so sehr hineinsteigern,

10

daß sie, nachdem sie das Ungeheuer zunächst mit Schafen als Opfer besänftigt hatten, meinten, nur noch Menschenopfer könnten ihn zufriedenstellen. Eines Tages ist auch die Königstochter durch das Los an der Reihe, dem aus dem vor der Stadt gelegenen See auftauchenden Ungeheuer zum Fraß vorgeworfen zu werden. Der Ritter Georg begegnet zu Pferd der unglücklichen Prinzessin und wird von ihr vor dem Drachen gewarnt. Er möge schnell fliehen, um nicht auch des Todes zu sterben. Doch Georg schlägt, als der Drache aus dem Wasser auftaucht, das Kreuzzeichen und kämpft mit seiner Lanze im Namen Jesu Christi gegen den Drachen an. Mutig blickt er dem Ungeheuer in die Augen und sticht mit seiner Lanze zu. Am Ende kann die Königstochter den verwundeten Drachen mit ihrem zierlichen Gürtel am Hals fesseln und ihn, wie die Legende erzählt, »wie ein zahm Hündlein« in die Stadt führen. Aus dem Ungeheuer, dem die verängstigten heidnischen Stadtbewohner glaubten, Menschenopfer darbringen zu müssen, ist ein »Schoßdrache« geworden, der sich winselnd zwischen die Füße des in sich ruhenden und im Oberkörper leicht nach hinten zurückgeneigten Heiligen Georg der Westempore schmiegt.

Ich erzählte dann den Schülern den Ausgang der mittelalterlichen Legende, die für mich tiefe Glaubenserfahrung in eine faszinierende märchenhafte Gestalt gekleidet hat. Der Heilige Georg hält mit dem gefangenen und gebändigten Drachen den heidnischen Bewohnern der Stadt Silena eine Missionspredigt: »Fürchtet euch nicht, denn Gott der Herr hat mich zu euch gesandt, daß ich euch erlöse von diesem Drachen. Darum glaubet an Christum und empfanget die Taufe allesamt ...« Und nicht ohne die für das Mittelalter bezeichnende Übertreibung fährt die Legende fort: »Es wurden aber an jenem Tage 20 000 Menschen getauft, die Frauen und Kinder nicht gerechnet.«

Die Georgslegende enthält eine Glaubenswahrheit, die heute tiefenpsychologisch nachvollziehbar ist. Die Bewohner der Stadt Silena steigern sich in ihre Angst vor dem Drachen so hinein, daß sie am Ende der Meinung sind, nur noch Menschenopfer würden ihm genügen. Auf diese Weise werden auch in unserer Zeit immer noch Menschenopfer dargebracht, an vielen Stellen der Erde und im übertragenen Sinne auch in unserer Gesellschaft, sinnlos, und aus einer sich immer steigernden

Angst heraus. Der Heilige Georg dagegen steht für die nüchterne Erfahrung, daß der, der »im Namen Jesu Christi« das Bedrohliche und Befremdende betrachtet, den Blick für die Realität zurückgewinnt. Im Namen Jesu angegangen, verliert der Drache sein furchterregendes, in den Bann ziehendes Wesen und kann bekämpft werden. Aus dem Ungeheuer wird am Ende ein »Schoßdrache«, wie die Schülerin es so schön und spontan formuliert hatte.

Die Ruhe und Gelassenheit der Georgsfigur des Paul Ypser erinnert an die Kraft des Glaubens, die in der Taufe von Gott geschenkt wird, und die ermöglicht, das Bedrohliche und Angstmachende wieder auf ein nüchternes und normales Maß herabzusenken und dagegen im Namen Jesu Christi anzugehen. Das Bedrohliche und Furchterregende wird hantierbar und verliert seine mich in den Bann ziehende und handlungsunfähig machende Ausstrahlung.

Vorbilder des Glaubens – das sind die Figuren der Heiligen in der St. Georgskirche. Und in diesem Sinne haben sie auch heute noch ihren sinnvollen und berechtigten Ort in einem evangelisch-lutherischen Kirchengebäude.

Die Kreuztragung

In die mittlere Brüstung der 1507/1508 errichteten steinernen Westempore der St. Georgskirche ist ein vom Bildhauer Paul Ypser aus Rothenburger Sandstein gearbeitetes Relief der Kreuztragung Christi eingefügt. Ursprünglich hatte dieses 88 cm hohe und 170 cm breite Relief wohl die Funktion einer rückwärtigen Verblendung der dicht an die Emporenbrüstung gerückten Mensa des »Unserer Lieben Frau« geweihten Altares auf der Westempore, eines der insgesamt 20 Altäre der St. Georgskirche aus vorreformatorischer Zeit.

Der Bildaufbau des im Zweiten Weltkrieg bei einem Bombenangriff beschädigten Reliefs wird von dem überlangen Kreuz auf den Schultern Christi bestimmt, dessen Stamm als Bilddiagonale von rechts unten her angelegt ist. Christus fällt unter der Last des getragenen Kreuzes zu Boden. Paul Ypser hat damit die für die Kreuztragung in der Bildtradition des 16. bis 18. Jahrhunderts dominierende Szene ausgewählt, die als eine der in der Liturgie des Kreuzweges begangenen sieben Fälle Jesu gilt. Die Andacht zu den sieben Fällen Jesu stellt im Spätmittelalter eine beliebte Andachtsform dar und ist gleichzeitig mit den Andachten zu den sieben Schmerzen Mariens entstanden.

Wie häufig in der Bildtradition der Kreuztragung finden sich im Nördlinger Emporenrelief die Haupt- und Nebenszenen dicht gedrängt zu einem Bild vereinigt. Neben Simon von Kyrene, der beim Tragen des Kreuzes hilft, sind auch Maria und Johannes, die römischen Soldaten mit dem Hauptmann, die beiden im Zug mitgeführten Schächer, die Mißhandlungen und die Verspottung Jesu auf dem Weg zum Kreuz, sein Niederfallen unter der Last des Kreuzes und die Belästigung der Mutter Jesu durch die römischen Soldaten, die aus den mittelalterlichen Passionsspielen Eingang in die Bildwelt fand, zu entdecken.

Christus umgreift den Querbalken des Kreuzes mit seinen Händen und hat das Kreuz auf dem Rücken lasten. Er ist ganz in sich versunken und nimmt das Geschehen um sich herum fast nicht wahr. Auch die Peinigung, die ihm der Kriegsknecht in der Ritterrüstung rechts hinter ihm mit dem Faustschlag auf seinen Nacken zufügt, wird von ihm geduldig ertragen.

Simon von Kyrene, den die römischen Soldaten zwingen, Jesu Kreuz mit zu tragen, erscheint im Gegensatz zu den übrigen Figuren der Szenen in verkleinerten und gedrungeneren Proportionen und damit auch formal als Außenseiter. Er umgreift mit beiden Händen das untere Drittel des Kreuzesstammes und versucht mit seinem ganzen Körpergewicht, die Last des auf Jesu Schultern aufliegenden Kreuzes zu mildern. Aufgrund der Hebelwirkung des überlangen Kreuzesstammes ist dies für ihn jedoch eine fast unmögliche Aufgabe. Auffällig ist, wie Paul Ypser ihn auch durch seine gekrauste Barttracht von den Soldaten wie von den Schächern abhebt und damit formal in eine größere Nähe zu Christus bringt.

Die räumliche Wirkung des Reliefs wird durch die Staffelung der Figuren erzielt. Im Bildhintergrund steht rechts außen Johannes als bartlose Jünglingsgestalt mit Nimbus. Er stützt die links von ihm stehende Maria zärtlich und behutsam am linken Arm mit seiner Hand. Beide verfolgen am Wegrand die Kreuztragung. Maria hat ihre Handflächen betend aufeinandergelegt und den Schleier tief in die Stirn gezogen. Wie Johannes trägt sie einen mit Striegelungen verzierten Nimbus, der sich jedoch formal durch seine Schlichtheit vom Kreuznimbus Christi abhebt.

Mit gleicher Kopfhöhe wie Maria und Johannes folgen nach links zwei Soldaten in Rüstung mit Spießen in den Händen, die parallel zum Querbalken des Kreuzes im Bildraum gehalten werden. Der rechte der beiden hat seine Hand erhoben und Maria einen schmähend-beschimpfenden Blick zugewendet, während der linke mit teilnahmslos in die Weite starrendem Blick mit seiner geballten rechten Faust auf den Nacken des zu Boden gesunkenen Christus einschlägt.

Um einen Viertelkopf höher als die Figurenzeile rechts vom diagonal die Bildzone aufteilenden Kreuzesquerbalken sind die beiden mit Mützen bekleideten Männergestalten links von Christus in der Bildhintergrundzone angeordnet. Der rechte der beiden, mit einem Kettenhemd und einem Hut mit aufwendigem Federschmuck bekleidet, trägt einen Spieß in der linken Hand und hat die rechte im Drohgestus angewinkelt erhoben. Er beschimpft den zu Boden gesunkenen Christus. Der links von ihm in gleicher Höhe stehende Kriegsknecht trägt in der

Abb. 2 Kreuztragung an der Westempore, 1507.   Foto: Klaus Raschzok

rechten Hand eine über die Schulter gelegte Keule und blickt nach
links auf die beiden im Zug mitgeführten und am Rücken an den Händen gefesselten Schächer.

Vor den beiden Kriegsknechten mit der Keule und dem Spieß direkt
hinter dem Kreuzquerbalken steht ein weiterer breitbeiniger Kriegsknecht in Rüstung. Er schwingt in seiner erhobenen rechten Hand ein
bogenförmig aufgespanntes Seil als Peitsche. Seine linke Hand hat er
abwartend und den zu Boden gefallenen Christus distanziert beobach-
tend auf die Hüfte gestützt, als ob er den gesamten Vorgang kritisch
und wie von oben herab überwacht. Der Fall Christi läßt ihn völlig unberührt. Er hat lediglich seine Aufgabe zu erfüllen und den Verurteilten zur Richtstätte zu bringen.

Links von ihm steht in Seitenansicht ein weiterer Kriegsknecht mit
einem seitlich am Gürtel hängenden Schwert. Das Schwert könnte auf
den Hauptmann hinweisen. Er zieht mit der rechten Hand an einem
Strick, der brutal um Christi Hüften als Fessel geschlungen ist. Mit
diesem versucht er, den zu Boden gesunkenen Christus weiterzuzer-
ren. Auch er stemmt sich ähnlich wie Simon von Kyrene mit seinem

15

gesamten Körpergewicht gegen die Kraft des zu Boden drückenden Kreuzes. Zwei einander widerstreitende Kräfte zerren so im Bildraum an Christus und seinem Kreuz.

Den linken Abschluß des Reliefs bilden die beiden hintereinander gestaffelten Schächer mit nacktem Oberkörper und auf den Rücken gefesssselten Händen. Der Kopf des hinteren Schächers ist durch die Kriegseinwirkungen verloren gegangen. Der noch ganz erhaltene vordere, mit muskulös-athletischem Oberkörper gestaltete Schächer, dessen Genital sich deutlich unter dem Lendenschurz abzeichnet, steht unbeweglich mit teilnahmslosem Blick an der Seite und verfolgt unberührt das Geschehen.

Die Komposition des Nördlinger Kreuztragungsreliefs lebt von der Diskrepanz der Körpergestik. Simon von Kyrene und der Kriegsknecht mit dem Schwert stemmen sich einander entgegengesetzt gegen die Last des Kreuzes. Johannes berührt zärtlich-tröstend Maria am Arm, die die Handflächen im Gebet schmerzhaft aufeinandergepresst hält und so mit ihrem zu Boden gefallenen Sohn leidet. Die übrigen Kniegsknechte sind in höhnisch-wütender Aggression gezeigt, die beiden Schächer dagegen teilnahmslos-unbeweglich. Ein Spannungsgefüge, das im unter der Last des Kreuzes fast wie ruhenden Christus sein Zentrum findet, wird aufgebaut.

Auffällig ist der Faltenwurf des Gewandes Christi. Die Füße werden durch das auf dem Boden aufliegende Gewand verdeckt. Der Schmerz der Kreuztragung wird nicht an Christi Körper, sondern am Spannungs- und Kräftegefüge der Gesamtkomposition abgebildet. Der Körper des kreuztragenden Christus selbst ist noch nicht wie später bei der Kreuzigung Träger der Darstellung des Leidens. Eher steht der das Zerren und Lasten und die gegenläufigen Kräfte Erduldende wie ein ruhender Pol inmitten des unruhigen Geschehens. Christus berührt in ganz anderer Weise als Simon von Kyrene das Kreuz, fast, als ob er für einen Augenblick das rohe Holz zu erspüren versucht in seinem Innehalten, so ruhen seine Hände auf dem Querbalken.

Bei all dem bildet der Kreuznimbus Christi eine schützende Wand zu den Kriegsknechten hin. Der Kopf Christi ist dem Typus aus dem Schweißtuch der Veronika angenähert und wirkt wie ein dem Körper bewußt aufgesetztes Bildzitat. Der Zusammenhang zwischen der eingenommenen Körperhaltung und dem Fall des Haares erscheint ein wenig unnatürlich, und nur leicht wird die Neigung des Kopfes vom Haar Christi aufgenommen. Mit dem Zitat des Christuskopfes aus dem Schweißtuch der Veronika, mit dem Christi Gesicht aus der gedrängten Szenerie abhebenden Kreuznimbus und mit der gewaltigen Dornenkrone zielt Paul Ypsers Darstellung bewußt auf Fernwirkung.

Aufgrund der gegenwärtigen Gestühlsanordnung und liturgischen Richtungsvorgaben im Raum der St. Georgskirche bleibt die Darstellung der Kreuztragung in der Brüstung der Westempore weitgehend außerhalb des Bewußtseins der heutigen Gemeinde und steht ihr nicht unmittelbar und ständig vor Augen. Dennoch ist das Relief der Kreuztragung Christi von seinem Ort, seiner Gestaltung und seinen Proportionen her schon immer auf den gesamten Kirchenraum bezogen. Und erst aus der erhöhten Perspektive des Predigers bzw. der Predigerin auf der Kanzel sowie vom im Bodenniveau gegenüber dem Schiff ansteigenden Hochaltar aus erschließt sich die Kreuztragung Paul Ypsers perspektivisch in ihrer vollen Wirkung und wird der kreuztragende Christus zum optischen Bezugspunkt des gottesdienstlichen Handelns im Kirchenraum. So gilt das Relief des kreuztragenden Christus in erster Linie nicht der feiernden Gemeinde, sondern ist denen zugeordnet, die seit fast fünf Jahrhunderten der Gemeinde im Auftrag des Herrn in der St. Georgskirche in der Predigt und in der Austeilung des Heiligen Abendmahles gegenübertreten. Für sie strahlt der unter der Last des Kreuzes zu Boden gefallene Christus Ruhe und Konzentration aus und schenkt ihnen in besonderer Weise seine heilenden Kräfte.

Das Epitaph für Johann Stahel

Das hölzerne Epitaph für den am 6. November 1632 im Alter von 64 Jahren verstorbenen Nördlinger Bürger und Zahlmeister Johann Stahel befindet sich heute an der südlichen Innenwand der St. Georgskirche in Höhe der Westempore. Es besteht aus einer geschweiften Grundplatte, auf die reliefartig geschnitzte Ornamente aufgesetzt sind. Die Mitte der Grundplatte ist querliegend rechteckig ausgespart und oben und unten halbkreisförmig nach außen erweitert. Dieser von einer profilierten Zierrahmenleiste umgebene Bereich zeigt ein Gemälde des himmlischen Jerusalems, darunter befindet sich ein Inschriftenteil. Das Zentralfeld wird von geschnitzten Ornamenten umgeben und rechts und links von zwei Balusterhalbsäulen flankiert. Akanthusblattformen, Rosetten, kleine Medaillons und Voluten bilden den weiteren Schmuck. Die hochrechteckige Grundplatte ist geschweift ausgesägt. Die vier Ecken sind durch große Eckvoluten besonders betont. Sie sind oben und unten jeweils paarweise gestaltet. Der ursprüngliche Aufsatz ist verlorengegangen. Zum Epitaph gehört ein Unterhang, der geschweifte und durchbrochene Form zeigt und in dessen Zentrum sich ein geflügelter Puttenkopf befindet, der von Voluten und üppigen Fruchtgehängen flankiert wird.

Das Gemälde mit der himmlischen Stadt Jerusalem wird links und rechts von zwei kleineren Gemälden flankiert, die allegorische Frauengestalten in bogenförmigen Nischen stehend zeigen. Die linke Frauengestalt wird auf dem Inschriftenfeld darunter als »PATIENTIA« (Geduld), die rechte mit einem Schwert in den Händen als »SPES« (Hoffnung) bezeichnet. Auf den Schriftfeldern über den Figuren erscheinen lateinische Inschriften, links »SVRSVM SVSPIRIA« (Hinauf die Seufzer!), rechts »SVRSVM VOTA« (Hinauf die Gebete!). Unter dem Hauptbild befindet sich ein Schriftfeld, das nach unten hin halbkreisförmig abschließt. Zwei Inschriften sind durch eine waagerechte Linie voneinander getrennt. Die untere gibt Auskunft über Sterbedatum, Amt und Alter des Verstorbenen. Die obere hat ein Textzitat aus den Werken des Kirchenvaters Augustinus zum Inhalt. Der deutsche Text der Inschriften ist jeweils in Fraktur, der lateinische in Antiqua

Abb. 3   Epitaph für Johann Stahel, 1632.

Foto: Matthias Schwenkenbecher

19

ausgeführt. Über den verstorbenen Nördlinger Bürger Johann Stahel wissen wir wenig. Sein Sohn Johannes wurde 1638 aus dem Großen Rat in das Stadtgericht gewählt. 1639 verzog er aus Nördlingen. Bekannt ist auch, daß dessen väterliche Großmutter, Susanne Stahel, geborene Heilbronner, die Ehefrau des Heilsbronner Pflegers, am 13. Mai 1594 in Nördlingen als Hexe verbrannt wurde.

Das zentrale Gemälde zeigt das himmlische Jerusalem in einer aus der Tradition der Bibelillustration vertrauten quadratischen Stadtdarstellung. Eine Mauer mit 12 Toren, je drei an einer Seite, umgibt die auch von ihren Straßenzügen her streng geometrisch und rechtwinklig konstruierte Stadt. Es handelt sich um ein Schema, das bereits in der zweiten Hälfte des 10. Jahrhunderts entwickelt wird und erstmals im Apokalypse-Kommentar des Beatus von Liébana begegnet. Das himmlische Jerusalem liegt inmitten eines grünen Tales. Der bewölkte Himmel bricht über der Stadt auf. Über einem himmlischen Altar erhebt sich in einer ovalen Lichtwolke der hebräische Gottesname. Von diesem Altar geht ein fächerförmiger Lichtstrahl aus, der die Stadt beleuchtet. Rechts neben dem himmlischen Altar erscheint das Lamm Gottes mit der Siegesfahne in den Wolken. Auf einem Felsvorsprung am rechten Bildrand steht der Engel mit dem Seher Johannes und weist auf die sich aus dem Himmel herabsenkende Stadt (Offenbarung 21). Bei dieser Darstellung handelt es sich um ein aus der protestantischen Bildtradition vertrautes Motiv, das in zahlreichen Bibelillustrationen variiert und aufgenommen wird. Es begegnet bereits in der Illustration von Luthers Bibelausgabe von 1534 durch den Monogrammisten MS. Der örtliche Maler, bei dem das Nördlinger Epitaphgemälde in Auftrag gegeben wurde, orientierte sich wie üblich an Vorlagen aus der protestantischen Bibelillustration. So ist die Ansicht des himmlischen Jerusalems in der um 1700 erschienen Bilderbibel von J.U. Krauß nahezu identisch mit der Darstellung auf dem Nördlinger Epitaph für Johann Stahel.

Aufschlußreich sind die beiden unter das zentrale Bild gesetzten Inschriften. Die untere berichtet nüchtern vom Tod des mit dem Epitaph Erinnerten: »ANNO. 1632. den 6. Novembris ist in Christo Seeliglich entschlaffen der Ehrnuest vnnd vorgeachte Herr Johann Stahel gewester Bürger vnnd Zahlmaister allhier Seines alters im 64. Jahr dem Gott ein fröliche aufferstehung verleihen wolle Amen.« Und direkt unter dem Bild des zukünftigen himmlischen Jerusalems, der Gottesstadt, befindet sich ein freies Zitat aus den Werken des Kirchenvaters Augustinus in deutscher Übersetzung: »O Meine Seele mache dich auff seime dich nicht. komme eylend vnd laß vnß hingehen in die himlisch Statt darinen wir durch Christum vnsern heyland albereit beschribne vnnd verordnete Bürger seind.«

Im Bild und in den Inschriften kommt eine tiefe geistliche Erfahrung zum Ausdruck. Das hier im Kirchenraum vom Verstorbenen Erlebte, Bürger einer angesehenen freien Reichsstadt zu sein, und zugleich von Christus her bereits das Bürgerrecht der zukünftigen, himmlischen Stadt zugesprochen zu erhalten, wird im Gottesdienst zur zukünftigen Erfahrung hin überschritten. Diese zukünftige Erfahrung nimmt aber hier ihren Ausgang, in den gefeierten Gottesdiensten, die um 1632 sicher genausowenig ideal waren wie unsere heutigen. Doch die Anknüpfung erfolgt im Kirchenraum. Hier wird die Verbindung mit dem zukünftigen Jerusalem hergestellt, eingeübt und punktuell schon erlebt. Ein Aufleuchten und Überschreiten findet statt, zunächst nur für einen Augenblick, so wie der Seher Johannes auch nur für einen Augenblick auf die himmlische Stadt blicken darf, und noch nicht endgültig in ihr ist.

Das Urbild der Jerusalemer Gemeinde (Apostelgeschichte 2, 42-47) und das Bild des himmlischen Jerusalems (Offenbarung 21) sind Ausgangs- und Zielpunkt gelebter Frömmigkeit. Bereits jetzt Bürgerrecht in der himmlischen Stadt zu besitzen wird zum Trost für den Verstorbenen und seine Angehörigen. Auch die beiden allegorischen Frauengestalten der Geduld und der Hoffnung, die das Lebenswerk des verstorbenen Bürgers und Zahlmeisters Johann Stahel repräsentieren, sind im Epitaph sehnsuchtsvoll der himmlischen Stadt zugewendet. Es ist ein Warten in der Gewißheit, das mit den biblischen Zeugen wie dem Seher Johannes verbindet. »... dem Gott eine fröhliche Auferstehung verleihen wolle«, so bitten die Angehörigen mit dem Inschriftentext des Epitaphes, ohne bereits jetzt schon festzulegen und festzuschreiben.

Daß es für die Zeitgenossen des 17. Jahrhunderts selbstverständlich war, einen irdischen Kirchenraum wie St. Georg und eine irdische Stadt wie Nördlingen als Übergangsort zum himmlischen Jerusalem geistlich zu verstehen, zeigt die Gedächtnispredigt, die der Nördlinger Superintendent Jakob Herrnschmid 1635 zum ersten Jahrestag der Schlacht von Nördlingen in der St. Georgskirche gehalten hat. Er stellt der Gemeinde die »zerlöcherten Gebäu, Türm und Tore« der Stadt Nördlingen als Bilder der Stadt Jerusalem vor Augen. Die St. Georgskirche steht für den Jerusalemer Tempel. Die äußeren Gebäude der Stadt führen zu einer innerlichen Betrachtung der dreifachen Herzenskirche, die in kontinuierlicher Verbindung zum himmlischen Jerusalem und seinem Tempel steht.

»Aber genug auf diesmal von dem Nördlingischen Jerusalem«, schließt Herrnschmid seine Predigt. »Wollte Gott, ... daß niemand unter euch allen, vom Größten bis zum Kleinsten, verloren werde. Gott weiß es, ich meine es von getreuem Predigerherzen. Gott verleihe euch allen, daß ihr nicht möchtet haben des irdischen Jerusalems Untergang, sondern des himmlischen Jerusalems Freudengesang und Engelsklang. Zu welchem uns allen zur gewissen Zeit verhelfen wolle Gott Vater, Sohn und Heiliger Geist, hoch gepriesen von nun an bis in alle Ewigkeit.«

Christus als Schmerzensmann

Christus als Schmerzensmann mit der Dornenkrone, der deutlich sichtbaren Seitenwunde und dem weiten, seinen ausgemergelten Körper einhüllenden Mantel ist an der Kanzel der St. Georgskirche unter einem zierlichen Maßwerkbaldachin mitten unter die Evangelisten getreten, die am Kanzelkorb an ihren Schreibpulten sitzen und mit der Meditation des Lebens und Wirkens Jesu beschäftigt sind. Er bildet die innere Mitte ihres Tuns und tritt wie in den Visionen der spätmittelalterlichen Mystikerinnen und Mystiker unter sie, zunächst wie unbemerkt.

Der Schmerzensmann–Christus ist Teil eines differenzierten Figurenprogramms der Nördlinger Kanzel, deren figürlicher Schmuck 1499 von einem unbekannten Augsburger Bildhauermeister aus feinkörnigem Sandstein gearbeitet wurde. Als wenn es sich um zwei zunächst unverbundene, aber dann doch eng aufeinander bezogene Erzählebenen handele, stehen zwischen den vier Evangelisten Matthäus, Markus, Lukas und Johannes in ihren Gelehrtenstuben unter einer Baldachinarchitektur vor jeweils zwei die Architektur tragenden Säulen auf kleinen Konsolen die Statuetten der Maria Magdalena, der trauernden Maria, des Christus als Schmerzensmann, des trauernden Johannes und des Heiligen Georg.

Christus als Schmerzensmann ist noch eingehüllt in das Grabtuch, das jedoch um seinen Oberkörper schon die Form eines von einer Spange zusammengehaltenen Pluviale annimmt, dessen Vordersäume mit Zierbesatz gestaltet sind. Majestätisch steht dieser Christus vor uns, aufrecht und mit Blick in die Ferne, ganz im Gegensatz zu seinem ausgemergelten nackten Körper mit den dünnen Armen und Beinen. Die schmachvolle Dornenkrone auf dem Kopf ist zu einem krönenden Reif geworden. Mit seiner rechten Hand weist er auf die deutlich sichtbare Seitenwunde seines nackten Körpers, die linke Hand wird zum Betrachter hin mit einladendem Gestus ausgestreckt. Spielerisch ist die Haltung des rechten Beines, nach außen gedreht, auf dem überlangen Gewand aufstehend. Sie verleiht der Figur trotz der hoheitlichen Schwere eine Leichtigkeit. Der Tod ist überwunden, zum neuen Leben hin.

Der Schmerzensmann stellt ein im Spätmittelalter beliebtes, überhistorisches Bild des geopferten Christus dar, das die Passion und die Wiederholung des Opfers in der Eucharistie nach mittelalterlichem Verständnis umgreift. Für das späte Mittelalter war der Schmerzensmann die Darstellung des eucharistischen Christus schlechthin. Deshalb wird der Schmerzensmann auch vorwiegend an Orten und auf Gegenständen dargestellt, die auf die Eucharistie Bezug nehmen. Auch in St. Georg war der Schmerzensmann an mindestens drei für das gottesdienstliche Geschehen wichtigen Orten dargestellt: Auf dem Sakramentshaus, wo er sich mit wesentlich dynamischerem Gesichtsausdruck und um die linke Schulter geschlungenem Grabtuch in großer Höhe entdecken läßt, und der imaginäre Blutstrahl aus seiner Seitenwunde in Beziehung zur Mensa des Hochaltar von 1462 steht, wo er im heute nicht mehr erhaltenen Gesprenge die Komposition krönte.

Der Schmerzensmann auf der Kanzel von St. Georg markiert die ursprüngliche Richtung der Predigt. Im spätmittelalterlichen Prädikantengottesdienst umstellte die Gemeinde in der sonst weitgehend gestühllosen Kirche die Kanzel. Einzelne Hörerinnen und Hörer der Predigt brachten Hocker oder Klappstühle zum Sitzen mit. Christus selbst legitimiert den Prediger, ist aber von der Kanzel aus für den, der auslegt, nicht sichtbar. Ein Zusammenhang, der sich nur dem erschließt, der dem Prediger zuhört. Der Schmerzensmann verweist stumm und wie erduldend auf die Predigt, bekräftigt sie mit seinem Heilswerk. So stellen die Figuren auf dem Kanzelkorb von St. Georg ein Bildprogramm für die Hörer der Predigt dar, das das nicht mit Worten beschreibbare Geheimnis der Predigt andeutet und ihren sakramentalen Charakter nach lutherischem Verständnis schon im Spätmittelalter vorwegnimmt.

Der Schmerzensmann aus der Kanzel von St. Georg weist Spuren der Zerstörung auf. Die rechte, auf die Seitenwunde weisende Hand, ist fragmentiert. Teile des Steines sind abgeplatzt. Auch die andere, linke Hand, weist Spuren der Zerstörung auf. Es sind Hinweise auf

Abb. 4 Christus als Schmerzensmann aus der Kanzel, 1499. Foto: Wolfgang Bouillon

ihre lange Geschichte und auf die Zerstörung der Kirche am Karfreitag des Jahres 1945 durch einen alliierten Bombenangriff. Trotz oder gerade wegen dieser Spuren der Zerstörung wird Christus als Schmerzensmann zu einem stillen und verweisenden Begleiter der Predigt, auch zu einem, der erduldet, der hinnimmt, der mitträgt, seit fast fünfhundert Jahren an diesem Ort. Er macht wie die ausgetretenen Stufen, die zur Kanzel hinauf führen, einen geistlichen Vorgang sichtbar, der den heutigen Prediger oder die heutige Predigerin einbindet in eine lange Predigtgeschichte, verbunden mit dieser Kanzel und den Namen von Theobald Gerlacher, genannt Billicanus, Caspar Kantz, Kaspar Löhner als Repräsentanten des Reformationsjahrhunderts bis hin zu Christian Geyer, dem späteren Nürnberger Hauptprediger und Vertreter einer liberalen Predigt, der Anfang des 20. Jahrhunderts für einige Jahre an St. Georg wirkte.

Heinz Spoden, der verstorbene Augsburger Domkapitular und frühere katholische Pfarrer an der Nördlinger St. Salvatorkirche, schreibt in einer Auslegung des anderen bedeutenden Nördlinger Schmerzensmannes, des aus der Parler-Werkstatt stammenden Erbärmdechristus an der St. Salvatorkirche, Worte, die auch für den Christus aus der Kanzel von St. Georg gelten: »Seine Finger ... zeigen auf das Mal des einst tödlichen Lanzenstiches. Es ist der unübersehbare Hinweis: ‘Das tat ich für dich!’ Es ist die ständig präsente Frage: ‘Was tust du für mich?’ Solche Frage stellt er wohlgemerkt nicht auf der Ebene jener Werte, die man messen, wägen und zählen kann. Wir können ihr daher nicht mit Münzen begegnen, weder mit kleinen noch mit großen. Er stellt diese Frage im Fingerzeig auf seine Liebe, die ohne Maß und Grenzen ist. So gilt es also: Liebe um Liebe, Treue um Treue.«

Adler, Löwe, Stier und Drache: Die Tierwelt der Kanzel

Von Franz von Assisi wird berichtet, wie liebevoll er mit der Tierwelt als den Geschöpfen Gottes umgegangen ist und, wie Thomas von Celano in seiner Lebensbeschreibung des Heiligen schreibt, »alle Lebewesen – Vögel, kriechende Tiere, ja selbst unbeseelte Geschöpfe – immer wieder voll Eifer ermahnte, nur ja den Schöpfer zu loben und zu lieben ... Wer könnte die Süßigkeit schildern, die er empfand, wenn er in den Geschöpfen die Weisheit des Schöpfers, seine Macht, seine Güte betrachtete?«

Der 1499 von einem unbekannten Augsburger Meister aus Rothenburger Sandstein gestaltete figürliche Schmuck des Korbs der Kanzel in der Nördlinger St. Georgskirche läßt etwas von diesem liebevollen Verhältnis zur Tierwelt ahnen, das einen Franz von Assisi bestimmt hatte, und macht deutlich, welchen eigenen Bedeutungskosmos die in künstlerischen Zeugnissen des Spätmittelalters abgebildeten Tiere erschließen konnten.

Erst beim näheren Hinsehen entdeckt der Betrachter an der Nördlinger Kanzel die Begleiter der vier an ihren Arbeitspulten sitzenden Evangelisten: Adler, Stier, Löwe und Engel. Ganz selbstverständlich sitzen oder stehen sie in der Gelehrtenwerkstatt des jeweiligen Evangelisten und begleiten ihn bei seiner Arbeit. Die vier Evangelisten Matthäus, Markus, Lukas und Johannes sind als antike Schriftsteller und Gelehrte an ihren jeweils ganz unterschiedlichen Schreibpulten bei der wissenschaftlichen Arbeit dargestellt. Meditativ versunken und mit dem Studium der Bücher des Alten Testamentes beschäftigt erarbeiten sie ihren Zugang zu Leben, Verkündigung und Zeugnis Jesu. Zum Teil blicken sie versunken in die Ferne von ihren Büchern auf oder sind wie Johannes ganz auf das Schreiben ihres Evangeliums konzentriert.

Aus den im biblischen Text zunächst eher furchterregenden vier apokalyptischen Gestalten der Offenbarung (Offenbarung 4, 6-8) und des alttestamentlichen Hesekielbuches (Hesekiel 1, 1-28) sind an der Nördlinger Kanzel fast schon zahme Haustiere geworden, würden sie nicht noch mächtige Flügelschwingen am Rücken tragen. Der Löwe, der Stier, der Adler und ein zierlicher Engel haben in Nördlingen hinter oder neben dem auf einem Stuhl oder einer Bank sitzenden Evangelisten Platz genommen. Der majestätische Löwe, der mit seinen Pranken auf der steinernen Sitzbank neben dem Evangelisten Markus thront, hat den Kopf leicht und bedächtig geneigt. Verständig begleitet er mit seinem körpersprachlichen Gestus die Meditation seines Evangelisten. Er blickt ihm in das aufgeschlagen auf den Knien liegende Buch und versucht, die Zeilen zu entschlüsseln, auf denen der Finger des Markus ruht. Bei Lukas liegt der geflügelte junge Stier elegant links hinter dessen Sessel und blickt fast spitzbübisch mit seinem geneigten Kopf zum Betrachter. Der den Evangelisten Johannes begleitende mächtige Adler krallt sich auf einem am Boden abgelegten Buch mit prächtigem Einband fest. Seine Flügel sind schon erhoben, als würde er eben zum Flug ansetzen und die Werkstatt seines Evangelisten verlassen. Noch geht der Blick des Adlers am Evangelisten vorbei auf die Schreibarbeit und den Vorgang des Schreibens. Mit seinem leicht geöffneten Schnabel signalisiert der Adler innere Anteilnahme an der Niederschrift des Evangeliums. Wie die anderen Evangelisten auch ist Johannes davon unberührt und konzentriert sich auf seine Arbeit am Pult. Matthäus wird von einem menschengestaltigen Engel als Symbol begleitet. Der zierliche Engel mit schulterlangem Haar ist wesentlich kleiner als der Evangelist gestaltet und steht hinter dessen Rücken auf der Sitzbank. Zärtlich hat er seine rechte Hand auf die Schulter des Evangelisten gelegt. Er blickt über ihn hinweg in das auf den Knien des Matthäus liegende aufgeschlagene Buch. Unten auf dem Boden, vor der steinernen Sitzbank, liegt mit eingezogenem Schwanz und angezogenen Pfoten ein schlafendes Hündchen als weiterer Begleiter des Evangelisten und als Allegorie der Treue. Wie selbstverständlich begleiten die Evangelistensymbole die konzentrierte, mit tiefem Ernst und intellektueller Anstrengung unternommene Arbeit ihrer Evangelisten. Zugleich sind sie Boten Gottes, die dessen Heiligen Geist in die nüchternen Gelehrtenstuben tragen. »Inspiration« nennt die Theologie diesen Vorgang, der an der Nördlinger Kanzel in das Spiel zwischen Tier und Mensch umgestaltet wird. Ein heiliges Spiel – Gottes Geist mischt sich in und unter den Menschengeist.

Abb. 5a   Evangelist Matthäus, 1499.

Abb. 5b   Evangelist Markus, 1499.

Abb. 5c   Evangelist Lukas, 1499.

Abb. 5d   Evangelist Johannes, 1499.

Alle Fotos: Wolfgang Bouillon

Für den kundigen Betrachter erschließen die vier Evangelistensymbole noch eine weitere Tiefendimension. Sie sind auf Christus bezogen, der nach mittelalterlichem Verständnis in seiner Person die Einheit der vier Evangelien verkörpert: Stier, Löwe, Adler und menschengestaltiger Engel stehen für die vier Wesenszüge Christi. Der Stier galt als das herausragende und vornehmste Opfertier. Er steht für den Opfertod Christi am Kreuz. Der Löwe, der nach dem Physiologus, dem ältesten Tierbuch des Mittelalters, seine totgeborenen Jungen am dritten Tage durch den Atem erweckte, war Hinweis auf die Auferstehung Jesu. Der Adler mit seinem majestätischen Flug bildete den Hinweis auf die Himmelfahrt Christi, der »zur Rechten Gottes« thront. Der Engel stand für die menschliche Natur Christi, der ganzer Mensch und ganzer Gott zugleich ist.

Noch ein weiterer, ganz anderer Hinweis auf die Tierwelt findet sich an der Nördlinger Kanzel dann rechts neben dem mächtigen Adler des Johannes. Eine wesentlich kleinere Figur zeigt den Heiligen Georg. Zusammen mit dem trauernden Jünger Johannes, mit Maria, der Mutter Jesu, Christus als auferstandenem Schmerzensmann und Maria Magdalena ist er in einem kleinen Türmchen mit baldachinartiger Bekrönung unter die vier Evangelisten gestellt. Zwischen seinen Füßen liegt ein Drache, der für eine andere Dimension der Tierwelt des Spätmittelalters steht: Die Bedrohung durch furcherregende Mächte, die jedoch im Namen Jesu wie in der Georgslegende besiegt werden können.

Adler, Löwe, Stier und Drache auf der Nördlinger Kanzel nehmen uns heutige Betrachter hinein in eine ganz andere Welt. Sie verdeutlichen, was Thomas von Celano über Franz von Assisi und seinen Umgang mit der Tierwelt schreibt: »Obwohl er das Leben als Pilgerschaft betrachtete ..., hatte er doch ... seine Freude an den Dingen dieser Welt: ... Er gebrauchte die Welt gegen die Fürsten der Finsternis als Kampfplatz – Gott gegenüber aber als den klaren Spiegel seiner Güte. Was immer er in der geschaffenen Welt fand, führte er zurück auf den Schöpfer ... Mit einer Hingabe und Liebe, wie man sie nie zuvor gesehen hatte, umfaßte er alle Dinge, redete zu ihnen von Gott und forderte sie auf, ihn zu loben.«

Das Kanzelgitter

Der Zugang zur Kanzeltreppe der St. Georgskirche, die sich mit ihrem dichten Maßwerk elegant dem Bündelpfeiler anschmiegt, vor dem der Halbpfeiler der Kanzel aufstrebt, wird am Fuß oberhalb des Antritts durch eine verschließbare schmiedeeiserne Gittertüre kontrolliert. Wie ein Eintrag in die Rechnungen der Kirchenpröpste an St. Georg belegt, wurde sie im Jahr 1500 unmittelbar nach Abschluß der Bildhauer- und Steinmetzarbeiten zur Kanzel von einem namentlich nicht genannten Nördlinger Schmied gefertigt. Bis heute bleibt der Zugang zur Kanzel in der St. Georgskirche außerhalb des Gottesdienstes verschlossen. Die schmiedeeiserne Gittertüre wird vom Mesner immer erst unmittelbar vor Gottesdienstbeginn für den Prediger bzw. die Predigerin mit dem historischen Schlüssel geöffnet.

Die schmiedeeiserne Gittertür besteht aus einem schlichten Rautengitter. Die das Gitter nach oben hin abschließende Bogenbekrönung aus Rundstäben ist mit seitlichen Voluten und einer vergoldeten Bekrönungsblume geschmückt. In die Bogenbekrönung eingefügt und auf die Gittertüre aufgesetzt ist ein bemaltes und geschnittenes Eisenblech, das zwei Engel mit grünen Palmzweigen in den Händen zeigt, die von beiden Seiten das in einen ovalen Schmuckrahmen aus Voluten eingefügte Wappen der freien Reichsstadt Nördlingen, den schwarzen Reichsadler, tragen. Die Engel mit blondem lockigem Haar und mächtigen vergoldeten Flügelschwingen tragen blaue, um ihren ansonst nackten Körper geschlungene Schärpen und stehen elegant auf den wie Wolkenschiffchen gestalteten unteren Volutenausläufen des Wappenrahmens auf. Ihre rechten bzw. linken Hände greifen in die Rahmung des Stadtwappens. Auch der Reichsadler ist farbig gefasst. Von seinem schwarzen Gefieder heben sich die vergoldeten Krallen und die Krone auf dem Haupt majestätisch ab, ebenso wie der mit einer roten Zunge versehene goldene Schnabel des Wappentieres. Bei von Süden her in die St. Georgskirche einfallender Sonne beginnt dieser schlichte Schmuck der Türbekrönung in wunderbarer Weise zu leuchten und sich vor dem dunkleren und noch im Schatten liegenden Kanzelkorb abzuheben.

Wie hier an der Kanzel, so ist der Reichsadler als das Wappen der freien Reichsstadt Nördlingen ursprünglich noch an weiteren zentralen Stellen des Kirchenraumes von St. Georg präsent gewesen, etwa am Prospekt der Seitenorgel von 1544/45 und raumbeherrschend als Glasmalerei auf rotem Grund im 1451 vom Nördlinger Glaser und Maler Peter Acker gestalteten Hauptfenster des Chores über dem Hochaltar.

Am Aufgang zur Kanzel wird durch das Wappen der freien Reichsstadt Nördlingen deutlich ein besonderer Hoheits- und Öffentlichkeitsbereich markiert. Wer die Kanzel zur Verkündigung betritt, steht dem Rat der Stadt gegenüber in einer besonderen Verantwortung.

Seit der Mitte des 15. Jahrhunderts bemühten sich die Mitglieder des Rates der freien Reichsstadt Nördlingen gegenüber dem Abt des Klosters Heilsbronn als Patronatsherrn der Stadtpfarrkirche um die Besetzung einer der Kaplansstellen an der St. Georgskirche mit einem gebildeten und gelehrten Prediger und klagten über die mangelnde Bildung der in der Stadt tätigen Priester, die oft die eigentlichen Stelleninhaber nur vertraten. Die Errichtung der aufwendigen Kanzel für die St. Georgskirche 1499 aus Rothenburger Sandstein steht in einem engen Zusammenhang mit dem Anliegen einer geordneten und auch erzieherisch in die Stadtbevölkerung hinein wirkenden Predigt.

Erst 1523 kommt es mit der Anstellung des Humanisten Theobald Gerlacher, genannt Billicanus, zur Besetzung der Prädikantenstelle an St. Georg mit einem geeigneten Prediger. Anstellungsvertrag und Auflagen des Rates machen deutlich, wie sehr die Ratsmitglieder hier Verantwortung für die öffentliche Predigt an St. Georg übernehmen, die in der Gestalt Theobald Gerlachers dann auch zur Verkündigung der reformatorischen Lehre und langfristig zur Umgestaltung des Nördlinger Kirchenwesens im reformatorischen Sinne führt. Nachdem der Heilsbronner Abt 1523 seine Patronatsrechte an den Rat der Stadt abgetreten hatte, konnte Billicanus als Ratsprädikant angestellt werden. Der Nördlinger Rat präsentierte ihn am 5. Januar 1523 dem zuständigen Augsburger Bischof Christoph von Stadion auf die Kaplanei der »Seligsten Jungfrau Maria, der Hl. Petrus und Severus« in St. Georg, der die Verleihung der Meßpfründe und die Anerkennung Billicans als Prediger vornahm.

Abb. 6   Kanzelgitter, 1500. Foto: Klaus Raschzok

Wer die Kanzel der St. Georgskirche betritt, wird auf diejenige Institution hingewiesen, die die freie Verkündigung schützt und gewährleistet und seit der 1545 erfolgten Trennung von der bischöflichen Augsburgischen Kirchenorganisation in dem bis 1803 selbständigen kleinen Nördlinger Kirchenwesen gewissermaßen bischöfliche Funktion als oberster Kirchenherr übernimmt: Den Rat der Stadt. Bis heute stellt die schmiedeeiserne Gittertüre am Kanzelaufgang ein liebenswertes Detail der St. Georgskirche dar und macht ihre Funktion als Bürgerkirche deutlich.

Die St. Georgskirche ist eng mit dem öffentlichen Leben der Stadt Nördlingen verknüpft. Dies beginnt mit der An- und Zuordnung des Straßenbildes der mittelalterlichen Stadt auf St. Georg und seinen Kirchturm, den Daniel, zu, der zugleich den Mittelpunkt des Sicherheitssystems der Stadt bildete. Religiöse und bürgerliche soziale Handlungen kreuzten sich in der Stadtkirche.

33

Wichtige öffentliche Ereignisse des städtischen Lebens fanden im Kirchenraum von St. Georg statt. Dabei spielt die 1571 ins Langhaus eingestellte und im 19. Jahrhundert wieder entfernte hölzerne Herrenempore eine besondere Rolle. Ihre Brüstung war der ganzen Länge nach mit den chronologisch nach dem Todesjahr gereihten Wappenschilden verstorbener Bürgermeister geschmückt. An den in unregelmäßigen Abständen in der Stadt abgehaltenen Schwörtagen versprachen die Bürger in der St. Georgskirche den auf der Herrenempore versammelten Stadtregenten Gehorsam, und diese wiederum den Bürgern ein gesetzliches und väterliches Regiment. Der Eid der Bürger wurde von der Herrenempore herab vom Bürgermeister in St. Georg abgenommen. Ebenso wurde an den Schwörtagen die festliche Rede des Bürgermeisters von dort gehalten und erfolgte die Vereidigung des Bürgermeisters durch den ältesten Geheimen Rat.

Nördlingens selbstbewußte Bürgerschaft hatte sich 1427 im Bewußtsein der wirtschaftlichen Blüte der Stadt und im Stolz ihrer politischen Position zum Neubau der St. Georgskirche entschlossen. Eine der bedeutendsten süddeutschen Hallenkirchen entstand zwischen 1427 und 1505 und wurde ausschließlich durch Stiftungen der Bürgerschaft und der Zünfte finanziert. Die Stadt eignete sich mit dem Neubau gleichsam ihre eigene Kirche an.

Bis zum Ende des bayerischen Königreiches im Jahre 1919 war der Rat der Stadt Nördlingen immer noch an der Besetzung der Pfarrstellen an St. Georg beteiligt und besaß gegenüber dem Protestantischen Königlichen Oberkonsistorium in München das Präsentationsrecht. Auch wenn dies heute alles entfallen ist, stellt die St. Georgskirche weiterhin einen wichtigen Ort im öffentlichen Leben der Stadt Nördlingen dar und sind Bürger- und Kirchengemeinde bis in die Eigentumsfragen am Kirchengebäude hinein eng miteinander verbunden. Predigerinnen und Prediger an St. Georg werden an diese Zusammenhänge und die damit verbundene öffentliche Verantwortung ihrer Verkündigung sonntäglich durch die für sie eigens geöffnete Gittertür mit dem Stadtwappen am Kanzelaufgang erinnert, die ihnen den Weg auf die Kanzel hinauf freigibt.

Eine Engelspredigt zur Christnacht

Weihnachtsengel begegnen in den Adventstagen an vielen Stellen der Stadt im vorweihnachtlichen Treiben, ob bei der Eröffnung des Nördlinger Weihnachtsmarktes, an den Ständen und in den vielen Geschäften, an den Fenstern als Schmuck oder auf den erzgebirgischen Weihnachtspyramiden. Engel gehören einfach zur Weihnachtszeit dazu! Auch in der St. Georgskirche gibt es viele Engel zu entdecken, an den unterschiedlichsten Orten, vom Hochaltar über das Sakramentshaus bis hin zum Schlußstein im Netzgewölbe der Sakristei.

Aber die Engel hier in der St. Georgskirche unterscheiden sich von den Engeln draußen im vorweihnachtlichen Treiben. Auf dem Schalldeckel der Kanzel sitzen sie seit dem Jahr 1681, seitdem der Bildhauer Johann Michael Ehinger sie liebevoll aus Holz geschnitzt hat: Acht ganz verschiedene Engel ruhen tänzerisch auf dem Gesims des Schalldeckels und stehen für die »Menge der himmlischen Heerscharen« aus dem Weihnachtsevangelium (Lukas 2, 13).

Die Engel auf dem Schalldeckel der Kanzel unterscheiden sich von den Weihnachtsengeln draußen durch ein entscheidendes Kennzeichen: Sie halten wie im Spiel Gegenstände in ihren Händen, die gar nicht recht zur Verkündigung der Weihnachtsbotschaft zu passen scheinen: Hammer und Bohrer, Geißel, Leiter, Dornenkrone, Kreuz und Kreuzestitulus, Schwamm auf Stab, Nägel und einen Speer. Spielerisch sind sie in die Betrachtung der Leidenswerkzeuge Jesu versunken – und so kündigen sie als wissende Boten die Geburt des Gottessohnes an und stellen die Verbindung zwischen Himmel und Erde her – für den Augenblick der Heiligen Nacht.

Die Leidenswerkzeuge – im Spiel und Tanz der Engel sind sie schon bei der Geburt Jesu gegenwärtig, als Hinweis darauf, daß sich der Weg des Kindes in der Krippe nicht auf eine schöne weihnachtliche Stimmung beschränkt, sondern in die Tiefe führt, ins Leben und in den Tod. Das Spiel der Engel mit den Leidenswerkzeugen an der Krippe ist Hinweis auf die Überwindung des Todes, die mit der Geburt Jesu angebrochen ist, auf das Heil im göttlichen Kind.

So heben die Engel auf dem Schalldeckel der Kanzel die Zeit auf. Göttliche und menschliche Zeit fallen ineinander. Unsere begrenzte Zeit wird erweitert durch die unendliche Zeit Gottes – in diesem und in jedem anderen hier gefeierten Gottesdienst. Die Welt Gottes ist mit gegenwärtig in unserem weihnachtlichen Lobpreis. Die Engel stehen an der Schwelle zwischen Himmel und Erde, in der Aufhebung der Zeit, die mit der Geburt Jesu gesetzt ist: Das ist das unaussprechliche Geheimnis der Heiligen Nacht.

Zwei Szenen stehen mir vor Augen, wenn ich die Engel auf dem Schalldeckel der Nördlinger Kanzel im Licht der Krippe betrachte: Ich denke zum einen an das Gespräch mit einer über 90 Jahre alten Frau aus Lübeck. Vor mehr als 70 Jahren ist sie Schülerin der früheren Nördlinger Haushaltungsschule gewesen und denkt noch gerne an diese Zeit zurück. Nachdem ich ihr die Postkarte mit einem der Engel des Schalldeckels, dem mit dem Speer, geschickt habe, hat sie sich erinnert und mir am Telefon gesagt: »Das war mein Engel, den Sie mir da geschickt haben! In den vielen Gottesdiensten in St. Georg, die ich als Schülerin besuchte, da habe ich ihn von meinem Platz aus immer wieder betrachten und liebgewinnen können. Er hat mich mein Leben lang begleitet und mir die Nähe Gottes vor Augen geführt.«

Die andere Szene ist verbunden mit einer Legende aus dem spätmittelalterlichen Nürnberg, die die Entstehung des Nürnberger Rauschgoldengels erzählt. Sie handelt von einem Handwerksmeister, der nachts in seiner Werkstatt steht und eine Puppe gestaltet, mit Flügeln aus Goldpapier und einem wunderschönen Gesicht mit Engelshaar. Er fertigt diese Puppe als Geschenk für seine Frau, die wie er um das früh verstorbene Töchterchen trauert, zum Trost und zur Bewältigung ihrer Trauer.

Die Engel vom Schalldeckel der Kanzel begleiten die Gemeinde in die Heilige Nacht hinaus. Sie stehen für die Gegenwart Gottes und erzählen von seinem Plan für die Menschheit, durch ihr Spiel mit den Leidenswerkzeugen und ihrem himmlischen Lobgesang: »Ehre sei Gott in der Höhe und Friede auf Erden bei den Menschen seines Wohlgefallens.« (Lukas 2, 14)

Abb. 7
Engel vom Schall-
deckel der Kanzel,
1681.

Foto: Wolfgang Bouillon

Mit diesen Engeln fällt auch für uns etwas von ihrem besonderen, Leben und Tod überwindenden Glanz, von dem das Weihnachtsevangelium spricht, in die Herzen und wir spüren, daß das Kind in der Krippe für jeden einzelnen, ganz egal, wo er oder sie in seinem Leben steht, persönlich geboren worden ist, zum Segen und Heil.

Die Heilige Afra

In der Offenbarung des Johannes wird im siebenten Kapitel von einer großen Schar berichtet, »die niemand zählen konnte, aus allen Nationen und Stämmen und Völkern und Sprachen; die standen vor dem Thron und vor dem Lamm, angetan mit weißen Kleidern und mit Palmzweigen in ihren Händen, und riefen mit großer Stimme: Das Heil ist bei dem, der auf dem Thron sitzt, unserm Gott, und dem Lamm!« (Offenbarung 7, 9-10).

Diese große Schar ist auch in der St. Georgskirche zu entdecken: Es sind die Heiligen, die an den Wänden, auf der Kanzel, am Hochaltar, im Gewölbe des Chores, im Chorgestühl und im Sakramentshaus begegnen, von Georg, Maria Magdalena, Florian, Barbara, Christopherus, Ottilie, Katharina bis hin zu Afra und Narzissus. Die Nördlinger St. Georgskirche ist eine Gestalt gewordene Auslegung des siebenten Kapitels der Offenbarung des Johannes und damit ein Bild des großen, Himmel und Erde umspannenden Gottesdienstes.

Die Heiligen in der St. Georgskirche sind in einer seit 1524 evangelischen Kirche bewahrt und erhalten. Sie sind Zeugen eines gemeinsamen Weges und damit bewahrten Erbes und auch für evangelische Christen heute noch von Bedeutung.

Der Ort der Heiligen ist nach der Vision des Sehers Johannes aus der Offenbarung der ewige Gottesdienst der Heilsgemeinde. Dieser Gottesdienst ereignet sich schon jetzt, und Johannes darf Einblick in dieses fortwährende Geheimnis nehmen. Heilige sind nach biblischem Zeugnis Frauen und Männer, die ihren Glauben zu leben versuchten und zum Teil mit ihrem Leben dafür eingestanden sind. Heilige sind Frauen und Männer, die ihr Leben auf Christus hin ausgerichtet haben.

In der Offenbarung des Johannes begegnet die Vorstellung eines himmlischen Gottesdienstes, der mit dem irdischen Gottesdienst in Verbindung steht. Unser Gottesdienst ereignet sich nicht nur hier in diesem Kirchenraum, sondern er schließt mit dem himmlischen Gottesdienst zusammen. Zugleich verbindet der Gottesdienst mit den Christen auf der ganzen Erde. Dies sind Bilder, die versuchen, erlebbar zu machen, was an und für sich unbeschreiblich ist und Geheimnis

Abb. 8   Heilige Afra, um 1470.
Foto: Wolfgang Bouillon

bleibt. Im Gottesdienst kommt es für einen Augenblick zur Aufhebung von Zeit und Raum. Die Gebete der Abendmahlsliturgie stimmen die Gemeinde in den Lobgesang der Engel und Heiligen ein. Sie verbinden mit dieser anderen Wirklichkeit, die am Tisch des Herrn zugleich vor dem Thron des Lammes steht.

Die Heiligen haben in der St. Georgskirche ihren Ort durch die Reformation hindurch behalten. Aber ihre Funktion ist eine veränderte. Sie sind nicht mehr die bei Gott besonders nahen, die um Hilfe und Fürsprache angerufen werden können. Das Gebet bleibt für evangelische Christen ausschließlich zum Herrn hin möglich. Die Heiligen in der St. Georgskirche machen jedoch bis heute erlebbar, was die Gemeinschaft der Heiligen bedeutet. Wir stehen mitten unter ihnen, von ihnen umgeben, und sind damit in eine Geschichte hineingestellt, die mit den Prophetinnen und Propheten des Alten Testamentes beginnt und über die Jüngerinnen und Jünger Jesu weiter reicht bis in die leidvollen ersten Jahrhunderte der Kirche mit ihren Märtyrerinnen und Märtyrern. Wir als die in der Gegenwart Lebenden sind mitten unter sie eingebunden. Kirche ist spürbare und sichtbare Gemeinschaft. Sie bleibt nicht beschränkt auf unsere oft enttäuschende Gegenwart, sondern ist umfassender, umspannt Vergangenheit, Gegenwart und Zukunft.

Martin Luther hat die Heiligen in besonderer Weise als Vorbilder im Glauben verstanden. Für diese Vorbilder im Glauben steht eine für die Geschichte des Bistums Augsburg grundlegende Heilige aus der St. Georgskirche. Über dem Eingang zur Lauinger-Kapelle hat sie als hölzerne Figur aus der Zeit um 1470 auf einem Zierpfeiler ihren Ort: Afra, links neben Maria mit dem Kind und dem Bischof Narzissus. Afra, die Augsburger Bistumspatronin, ist mit gefesselten Händen an einen Baumstamm als Hinweis auf ihr Martyrium gebunden. Während ihr rechter Arm von hinten um den Stamm geführt und am Handgelenk durch den Strick mit der linken Hand verbunden ist, liegt die rechte Hand der Heiligen als Zeichen ihrer Hingabe an Christus auf der Brust auf. Als Zeichen ihrer königlichen Herkunft trägt sie über dem um die Stirn hochgeschlagenen Schleier eine Krone. Ihre Kleidung mit dem Mantel und dem langen Leibrock ist vornehm und der Zeitmode angepaßt. Auf zahlreichen zeitgenössischen Darstellungen begegnet Afra in dieser Art der Fesselung an einen Pfahl gebunden und ist im Augenblick ihrer Hinrichtung durch das Feuer auf einer Lechinsel bei Augsburg dargestellt. Ergeben erduldet sie ihr Schicksal und weiß sich Christus als ihrem Herrn verbunden.

Die mittelalterliche Legende erzählt uns von der Tiefe und der Schuld ihres Lebens. Afra ist die Tochter des Königs von Zypern. Sie flieht mit ihrer Mutter nach Rom und wird dort der Göttin Venus geweiht. Im Traum erfährt Afra, daß sie Königin von Augsburg werden solle. Sie zieht mit ihrer Mutter dorthin und richtet sich mit drei weiteren Gefährtinnen in der Stadt am Lech ein Haus ein, das ihrer Funktion als einer der Göttin Venus geweihten Frau entsprechend der Prostitution dient. Auf der Flucht aus Rom kehrt Bischof Narzissus unwissend in das Augsburger Dirnenhaus ein. Afra bereitet ihm ein Mahl. Das Tischgebet des Narzissus vor der Mahlzeit erschüttert Afra so sehr, daß sie Narzissus zu Füßen fällt, sich zu Christus bekehrt und sich taufen läßt. Die Folgen dieses Schrittes sind Gefängnis und Verurteilung. Im Jahre 304 nach Christus wird Afra an einen Pfahl gebunden auf einer Lechinsel als öffentliche Dirne verbrannt.

Zwei Einzelzüge an der Lebensgeschichte der Heiligen Afra sind wichtig: Zum einen macht Afra deutlich, daß Heilige zugleich auch Sünder sind. Zum anderen wird aus ihrer Begegnung mit Bischof Narzissus die Kraft eines schlichten Tischgebetes deutlich, die auf Christus aufmerksam zu machen und ein Leben neu auszurichten vermag.

Die mit den Heiligen in der St. Georgskirche verbundenen Legenden ließen sich fortsetzen. Sie helfen uns, in die faszinierende Welt der Heiligen und ihrer Lebensgeschichten einzutauchen. »Diese sind's, die gekommen sind aus der großen Trübsal ...« (Offenbarung 7, 14) Heilige sind nach biblischem Zeugnis aus der Trübsal gekommen. Sie bringen das Leben in seiner ganzen Fülle mit herein in den mächtigen und weiten Raum der St. Georgskirche. Heilige, die vor Gott stehen, sind Zielbilder, weil sie aus der Trübsal kommen und Leben bewältigt haben.

Die Heiligen in der St. Georgskirche umschließen uns als gottesdienstliche Gemeinde. Sie machen ablesbar, was am Tisch des Herrn geschieht, Verbindung zum Leben, Heilung und Heil, Geheimnis des

Glaubens. Und die Heiligen in der St. Georgskirche verweisen mit ihrer Lebensgeschichte auf Christus. Sie laden die Gemeinde und die zahlreichen Besucher der St. Georgskirche, die durch die Taufe zu dieser Gemeinschaft der Heiligen gehören, ein, hier mit einzutreten, auf Christus ihr Leben auszurichten und ihm Raum zu gewähren.

In den Gemeinden des Nördlinger Rieses wird der Gedenktag der Heiligen am 1. November bewußt gottesdienstlich begangen. Gedenktag der Heiligen ist auch ein evangelischer Feiertag. Die Heiligen gehören zur evangelischen Frömmigkeit und dürfen nicht ausgeblendet werden, weil sonst etwas sehr wichtiges dem Glauben fehlen würde. Gedenken heißt, vor Gott in Erinnerung zu rufen, Zeit und Raum aufzuheben und einzutreten in diese in der St. Georgskirche mit den Augen erlebbare Gemeinschaft der Heiligen. Ich darf hinzutreten zu denen, die vor mir den Weg des Glaubens gegangen sind. Ich darf mich wie sie ausrichten lassen auf Christus als die Mitte, darf sein heiliges Mahl empfangen und etwas davon spüren, daß Jesus Christus zu den Quellen des lebendigen Wassers leitet, und Gott alle Tränen von den Augen abwischen wird (Offenbarung 21, 4-6).

Maria mit dem Kind

Der wohlhabende Nördlinger Kaufmann und Bürgermeister Narziß Lauinger, der 1447 verstorben ist, ließ auf eigene Kosten an der Nördlinger St. Georgskirche eine Begräbniskapelle für sich und seine Familie errichten. Der Baumeister Nicolaus Eseler der Ältere schuf einen kleinen, separaten Kapellenraum, der durch zwei spitzbogige Arkaden vom nördlichen Langhausseitenschiff getrennt wird. Dem Eingang zur Lauingerkapelle sind drei fialenartige Zierpfeiler vorgelegt. Auf ihnen stehen links und rechts Holzfiguren der Heiligen Afra und des Heiligen Narzissus, in der Mitte Maria mit dem Kind unter einem steinernen Maßwerkbaldachin.

In diesem spätmittelalterlichen Bildprogramm ist wie an vielen anderen Stellen der Nördlinger St. Georgskirche noch etwas von der »lutherischen Katholizität« zu spüren. Die Heiligen haben noch ihren Ort in der St. Georgskirche, an den Wänden, in den Kapellen, auf den Altären und an der Kanzel. Sie begleiten bis heute die Gottesdienste und vergegenwärtigen im Kirchenraum das, was im Glaubensbekenntnis mit der »Gemeinschaft der Heiligen« zum Ausdruck kommt.

Maria mit der Krone trägt den nackten Jesusknaben auf dem linken Arm. Ihre rechte Hand hat sie dem Knaben entgegengestreckt, der aufrecht sitzend ihr seine linke Hand entgegenreicht, so daß sich die Finger der beiden fast schon berühren. In der ganzen Hoheit der beiden Figuren steckt zugleich ungeheure Zärtlichkeit. Die Haltung der Maria ist trotz der fehlenden und wohl im 19. Jahrhundert abgelaugten farbigen Fassung eine freundlich zuwendende, fast mit einem Lächeln auf ihrem Gesicht. So steht sie dem, der auf der Kanzel von St. Georg predigt, gegenüber, fast in Augenhöhe, und über ihr erhebt sich ein Kruzifixus aus der Zeit um 1500. Die Predigt bleibt auch für die Augen eingebunden zwischen der Geburt des Herrn und seinem Tod am Kreuz, und über dem frühbarocken Schalldeckel der Kanzel erhebt sich die Figur des auferstandenen Christus mit der Siegesfahne.

Die hölzerne Figur der Maria mit dem Kind aus der Zeit um 1470 steht stellvertretend für die St. Georgskirche und ihre noch reiche spätmittelalterliche Ausstattung. Die St. Georgskirche ist bis heute der

Mittelpunkt der Stadt Nördlingen, und auch diejenigen Bürgerinnen und Bürger, die nur noch selten die Gottesdienste besuchen, haben trotzdem so etwas wie ein inniges Verhältnis zu ihrer St. Georgskirche aufrechterhalten. Ein inniges Verhältnis, fast wie die Berührung zwischen Maria und dem Jesusknaben, ein Aufeinanderzugehen, noch kein letztes die Hände reichen, aber doch aufeinander ausgerichtet.

Maria mit dem Kind aus St. Georg ist auch ein Hinweis auf die oft nicht einfache Verpflichtung des gemeinsamen Erbes mit der römisch-katholischen Kirche. Hier gilt es zu lernen von der Haltung der Maria, die aufrecht, aber mit einem Lächeln auf dem Gesicht majestätisch das Kind auf den Armen trägt, und die doch spielerisch-zärtlich die Zuwendung zu ihm sucht. Ihre Fröhlichkeit des Glaubens an den Herrn Jesus Christus in dem Kind auf ihrem Arm soll anstecken. Es ist eine Grundhaltung, die gemeinsam einzuüben ist – sich diesem Kind und seinem heilbringenden Geheimnis zärtlich zu nähern, es aufzunehmen in mein Leben und andere zur Teilhabe daran einzuladen.

»Laß mir deiner Güt und Treu täglich werden immer neu«, schreibt Johann Olearius 1665 in seinem Weihnachtslied, »Gott, mein Gott, verlaß mich nicht, wenn mich Not und Tod anficht. Laß mich deine Herrlichkeit, deine Wundergütigkeit schauen in der Ewigkeit.« (EG 38, 3)

Abb. 9 Maria mit dem Kind, um 1470.

Foto: Wolfgang Bouillon

Der zwölfjährige Jesus im Tempel

Die spätmittelalterliche Gemeinde der St. Georgskirche hatte die biblische Erzählung vom zwölfjährigen Jesus im Tempel (Lukas 2, 41-52) an den Festtagen an ihrem Hochaltar bildlich vor Augen stehen. 1462 hatte der Rothenburger Maler Friedrich Herlin sie als eine der Tafeln des ursprünglichen Hochaltares gemalt. Sie befindet sich heute als Leihgabe der Kirchengemeinde im Nördlinger Stadtmuseum. Die Tafel, die im Original 90 cm hoch und 68 cm breit ist, gehört zum Weihnachtszyklus und zu den geöffneten Altarflügeln. Der zwölfjährige Jesus im Tempel hat rechts unten im Altarretabel seinen Ort. Friedrich Herlin malt den zwölfjährigen Jesus noch ganz bewußt kindlich. Barfüßig und in einem einfachen kuttenähnlichen Gewand steht er aufrecht vor den vier Schriftgelehrten. Er hat die Hände im Redegestus erhoben und lehrt völlig auf die Sache konzentriert die Schriftgelehrten. Der Künstler hat eine besondere Sorgfalt in der Gestaltung der vier Schriftgelehrten zutage gelegt. Dies erfolgte sicher auch im Blick auf den Stifter des Hochaltars, den Nördlinger Kaufmann Jakob Fuchshart. Die prächtigen Gewänder fallen ins Auge, vor allem die Brokate wie bei dem vorne sitzenden Schriftgelehrten. Der mittlere Schriftgelehrte mit dem Buch vor den Augen wird sogar mit einer auf die Nase geklemmten Brille gemalt. Brillengläser und Brillenfassungen sowie Brokate waren bevorzugte Handelsware der Familie Fuchshart, die diese Mitte des 15. Jahrhunderts aus Italien importierte und über Nördlingen nach Deutschland vertrieb.

Die Schriftgelehrten werden durch das Verhalten des Knaben irritiert. Sie wechseln bezeichnende Blicke miteinander und sind damit beschäftigt, die Äußerungen des Knaben in ihren Büchern nachzuprüfen. Der vordere, im Lehrstuhl sitzende Schriftgelehrte hat sich demonstrativ nach rechts abgewendet. Sein Buch liegt geschlossen vor ihm auf dem Boden.

Friedrich Herlin hat den Jerusalemer Tempel in eine zeitgenössische spätmittelalterliche Stadt wie Nördlingen verlegt. Der Fensterausblick zeigt enge Straßen, Brunnen und dichte Bebauung. Das Fenster rechts erinnert an die Fenster der St. Georgskirche. Maria und Josef, links

Abb. 10   Der zwölfjährige Jesus im Tempel, 1462.

Foto: Uwe Furtwängler

47

hinter dem Jesusknaben stehend, werden in ihrer Zusammengehörigkeit formal durch die Haltung im Gegenüber zur Gruppe der Schriftgelehrten betont. Josef steht im Hintergrund, mit hochgezogener Mantelkapuze. Er blickt zurückhaltend-skeptisch. Maria dagegen wird in innig-meditativer Beziehung zum Jesusknaben gezeigt. Ihre Hände sind zum Gebet gefaltet, in das sie versunken ist.

Die spätmittelalterliche Frömmigkeitstradition sah in der Szene des zwölfjährigen Jesus im Tempel eine der sieben Schmerzen Mariens. Maria ist über den Verlust Jesu sehr bewegt. Zugleich diente die Szene aber auch als eine der sieben Freuden Mariens, im Augenblick des Wiederfindens ihres Sohnes im Tempel.

Der Jesusknabe auf dem Altarbild wird im Übergang gezeigt. Formal ist er noch der Elterngruppe zugeordnet und wird doch schon auf die Schriftgelehrten als seine neuen Bezugspersonen hin ausgerichtet. Der Übergang von der Kindheit zum Erwachsenenalter zeichnet sich ab. Auf formaler Ebene weist Friedrich Herlin damit in seinem Bild auf etwas hin, was der biblischen Erzählung im Lukasevangelium einbeschrieben ist, den Konflikt zwischen Eltern und Kind. Auch in der heiligen Familie ist er notwendig und heilsam.

Es ist ein schmerzlicher Prozeß, das geliebte Kind loszulassen, es aus der Hand zu geben, es wachsen, sich in seiner Eigenheit entfalten und eigene Wege gehen zu lassen. Neue erwachsene Bezugspersonen treten über den Kreis der Eltern und der Familie hinaus hinzu. Dafür stehen die Schriftgelehrten. Der heranwachsende Jesus orientiert sich jetzt an ihnen. Und der zwölfjährige Jesus widerspricht seinen Eltern. Er erweist damit – für die Eltern schmerzlich – seine inzwischen gewachsene Eigenständigkeit. Die Gotteskindschaft hat Vorrang vor der Elternschaft. Kinder sind den Eltern auf Zeit anvertraut. Gott ist einer von uns geworden, ein Mensch wie wir, so schildert die Erzählung aus dem Lukasevangelium uns den heranwachsenden Jesus. Der Maler Friedrich Herlin hat diesen Vorgang in seine Bildgestaltung umgesetzt.

Friedrich Herlin folgt auf dem Nördlinger Altarbild der beliebten Tradition des lehrenden Zwölfjährigen, der vor den Schriftgelehrten steht und diesen vollmächtig die Schrift auslegt. Die biblische Tradition beim Evangelisten Lukas setzt noch einen anderen Akzent. Hier sitzt Jesus im Tempel, hört den Lehrern zu und stellt ihnen Fragen. Dies ist eine für jüdische Verhältnisse selbstverständliche Situation. Im gegenseitigen Zuhören und Fragen wird um die Wahrheit gerungen. Ein offenes Gespräch wird im Tempel geführt, das von Tiefgang und Leidenschaft gekennzeichnet ist. Hinweise auf den Tiefgang dieses Gespräches zwischen Jesus und den Schriftgelehrten finden sich bei Friedrich Herlin jedoch ebenfalls auf der Ebene des Bildes. So gibt der Fensterausschnitt oben in der Bildmitte den Blick frei auf einen Brunnen, der mitten in der engen spätmittelalterlichen Straße steht. Der Brunnen ist Sinnbild für den Weg in die Tiefe zum lebendigen Wasser (Johannes 4, 10-14) und ein Hinweis darauf, daß es im Gespräch des Zwölfjährigen mit den Schriftgelehrten um das Leben geht.

Innerhalb des Lukasevangeliums hat die Erzählung vom zwölfjährigen Jesus im Tempel eine ganz bestimmte Funktion. Der Evangelist setzt mit ihr einen deutlichen Akzent gegenüber den zu seiner Zeit beliebten und sehr volkstümlichen apokryphen Kindheitsgeschichten. Diese zeigen Jesus fast als einen Zauberer und wundermächtigen, überirdisch begabten Knaben. Der Evangelist Lukas setzt dem die biblische Realität entgegen. Gott ist so sehr Mensch geworden, daß dieser Jesus den Weg eines jeden Menschen geht. Dazu gehört das konflikthafte Lösen aus dem Elternhaus als schmerzhafter, aber heilsamer Vorgang.

Der Übergang von der Kindheit zum Erwachsenen ist auch unser Weg. Friedrich Herlin lädt dazu ein, die eigene Lebensgeschichte mit der Jesu zu verknüpfen, unser Leben an sie anzunähern, um zum lebendigen Wasser aus der Tiefe zu gelangen, das der Herr uns verspricht, wenn wir ihm Raum in unserem Leben lassen. Es ist nicht zufällig, daß dieser Brunnen mitten in einer spätmittelalterlichen Stadt wie Nördlingen steht. Dort, mitten im Alltag, ist dieses lebendige Wasser aus der Tiefe zu finden.

Auferstehung und Gericht

Der Apostel Paulus stellt in seiner im zweiten Korintherbrief gebrauchten Bildvorstellung das irdische Haus als die Hütte, die wieder abgebrochen wird und das von Gott erbaute, ewige Haus im Himmel einander gegenüber (2. Korinther 5, 1-10). Er versteht den menschlichen Leib als einen zeltähnlichen Bau, der wieder abgebrochen wird und nicht von dauerhafter Existenz ist. Wir werden am Ende, so schreibt Paulus, mit dem himmlischen Haus überkleidet werden. Auf der 1462 von Friedrich Walther aus Dinkelsbühl gestalteten Rückwand des ehemaligen Hochaltares der St. Georgskirche wird diese Bildvorstellung aufgenommen. Friedrich Herlin hatte die Gestaltung der Altarrückwand einem eigenständigen Meister und Werkstattmitarbeiter übertragen. Der Altarschrein ist rückseitig mit acht hochrechteckigen sowie oben mit einer in ihrer Form der doppelten Schreinaufstufung folgenden Bildtafel geschmückt. Das Jüngste Gericht ist dargestellt. Zwei Gerichtsengel kündigen es oben mit ihren Posaunen an. Christus thront von ihnen flankiert auf dem Regenbogen. Die Auferstehung der Toten aus den Gräbern ist darunter sichtbar. Maria und Johannes knien fürbittend über den sich öffnenden Gräbern, aus denen die auferweckten Verstorbenen nackt und zum Teil noch mit Grabtüchern umschlungen heraustreten. Rechts außen wird die Ewige Verdammnis gezeigt. Teufel stürzen von oben die Verdammten in den Ort der Qual. Die zur Verdammnis auferstandenen und verurteilten Verstorbenen tragen entstellte Körper und erleiden schmerzliche Peinigungen. Auf der linken oberen Bildtafel werden die zur ewigen Seligkeit Auferstandenen von zwei Engeln durch ein doppeltüriges Portal geführt.

Dieses Portal ist wie die Vorhalle eines spätgotischen Kirchenraumes gestaltet. Die Bauformen sind aus der St. Georgskirche vertraut. Die mittlere Tür zwischen Lauinger- und Zieglerkapelle, der ursprüngliche Haupteingang von St. Georg mit seiner Vorhalle und seinen beiden Spitzbogen besitzt ebenfalls ein solches Doppelportal. Das Innere der Kirchenarchitektur wird durch eine hohe Mauer oder ein aufgespanntes großes Tuch nach außen hin abgeschirmt und ist nicht sichtbar. Nur der Lichtglanz dringt nach draußen und läßt etwas von der

Abb. 11   Rückwand des Hochaltars, 1462.

Foto: Fritz Steinmeier

Herrlichkeit des zukünftigen Lebens bei Gott ahnen. Die nackten Erlösten, Männer und Frauen, treten mit gekreuzten Armen vor der Brust heran und werden vor dem Doppelportal von den beiden in liturgische Gewänder gekleideten Engeln empfangen und nach innen zum Licht geleitet.

Die die Rückwand betrachtende Gemeinde sieht zwar den Lichtglanz und ahnt etwas von diesem Fest Gottes, steht aber selbst noch draußen. Ihr Ort ist das Warten, das Ahnen des Lichtglanzes der heiligen Stadt. Ihre Verstorbenen sind dorthin schon ein Stück voraus gegangen und ruhen, dem Lichtglanz näher, geborgen und in Erwartung bei Gott.

Die St. Georgskirche wird auf der Rückwand des Hochaltars zur Schnittstelle zwischen dem irdischen und dem himmlischen Bau. Sie ist Durchgangsort. Der ewige, himmlische Bau knüpft an das irdische Bauwerk an. Er wird hier an dieser Schnittstelle vorstell- und erfahrbar, auch wenn er in seiner Beschaffenheit unserer bildhaften Vorstellung noch entzogen bleibt.

Auch die St. Georgskirche ist ein Haus, das wie ein menschlicher Leib zerfällt. Vielleicht geschieht dies langsamer als in einem menschlichen Leben, es ist aber dennoch ein unaufhörlicher Vorgang. Aber ebenso wie unser Leib für Paulus Anknüpfungspunkt und Schnittstelle eines zukünftigen wirklichen Geschehens ist, so auch dieses Kirchengebäude.

Wie das irdische Bauwerk der St. Georgskirche Schnittstelle und Anschauungsort für das zukünftige Haus ist, so wird auch das, was jetzt schon unser Leben bestimmt, daß wir einen Leib besitzen und daß sich unser Leben in einem Körper vollzieht, auch bei Gott so sein. Paulus schreibt: » ... weil wir dann bekleidet und nicht nackt gefunden werden.« (2. Korinther 5, 3) Allerdings geschieht dies in einer von uns augenblicklich noch nicht vorstellbaren Weise, jedoch in Kontinuität und nicht in Form einer Auflösung, bei der die Seele alleine übrig bleibt. Wenn das äußere, irdische Leben zu Ende geht, wird die Seele nicht nackt vor Gott stehen, sondern mit einem neuen Leib bekleidet werden. Wir bleiben als Person vor Gott erhalten. Es gibt eine durch den Tod dieses Leibes hindurch von Gott gestiftete Kontinuität in die

Ewigkeit. Menschliches Leben wird auch zukünftig noch an einen Leib gebunden sein, so daß von daher der irdische Leib trotz seiner Hinfälligkeit einen eigenen Wert erhält. In der von Friedrich Walther gemalten Szene der zur Seligkeit Auferstandenen wird in der Nacktheit der Figuren gerade diese Kontinuität betont.

Die biblische Botschaft hält daran fest: Gott schenkt uns zu seiner Zeit eine neue Leiblichkeit und damit unsere Identität. Ich bin es, der dann ganz daheim ist bei Gott, und nicht irgendein anderer. Wie und wann das vor sich geht, braucht mich nicht zu interessieren. Entscheidend ist, daß nichts von meinem Leben, wie Dietrich Bonhoeffer es einmal beschrieben hat, bei Gott verloren geht.

Christen, die ihr Leben verantwortlich und zum Wohlgefallen Gottes gestalten, werden von einer tiefen Nüchternheit bestimmt. Sie wissen, daß sie, wie Paulus sagt, »offenbar werden« müssen »vor dem Richterstuhl Christi«. Friedrich von Bodelschwingh der Jüngere hat dies einmal mit den folgenden Worten formuliert: »Es ist nicht wahr, daß die Ewigkeitshoffnung die Christen zu Träumern und Phantasten macht. Im Gegenteil – je entschlossener wir auf eine neue Welt warten, desto praktischer, nüchterner, schlichter wird sich unser Leben hier gestalten. Nun bleibt keine Möglichkeit, unsere Zeit zu verändeln und unsere Kraft zu zersplittern. Sowohl an die Arbeit wie an das Leiden, das uns aufgetragen ist ... , setzen wir unsere gesammelte Energie.«

Bei Paulus gehen der Blick auf das Gericht, den Richterstuhl Christi, und die Gnade, daß Gott den Geist als Unterpfand gegeben hat, ineinander. Beide dürfen nicht auseinander gerissen werden. Es handelt sich um zwei paradoxe Perspektiven einer Sache: Vor dem Richterstuhl Christi offenbar werden zu müssen und doch Christus auf meiner Seite zu haben, der für mich eintritt.

Dieses Zusammendenken von zwei ambivalenten Bildzonen bei Paulus kommt in der Gerichtsdarstellung auf der Hochaltar-Rückwand von St. Georg aus dem Jahr 1462 zum Ausdruck. Im Spätmittelalter erfolgte die Einzelbeichte nicht wie in späteren Jahrhunderten im Beichtstuhl, sondern hinter dem Hochaltar. Dort saß der die Beichte abnehmende Priester und der sie Ablegende kniete vor ihm nieder. Die Gerichtsdarstellung auf der Rückwand des ehemaligen Hochaltares bildete den Prospekt, vor dem sich die Lebensbilanz in der Einzelbeichte vollzog. Dieser Prospekt besteht aber aus zwei Bildzonen. Oben ist das Gericht Christi dargestellt, verbunden mit den Konsequenzen der ewigen Verdammnis rechts und der Auferstehung zur Seligkeit links. Darunter sind Leiden, Tod und Auferstehung Jesu, der für mich im Gericht mit seinem Heilswerk eintritt, gemalt. Von links folgen Geißelung, Kreuztragung, Kreuzigung und Auferstehung Christi.

Der Durchgang durch das Gericht ist notwendig. Ich muß mir der Konsequenzen meines Lebens und Verhaltens bewußt werden. Aber es ist ein Durchgang zum ewigen Haus, dessen Pforte mit dem Portal der St. Georgskirche identisch ist. Nackte Menschen werden von Engeln in das himmlische Haus geleitet, um dort bekleidet zu werden und am himmlischen Gottesdienst teil zu haben. Mit erhobenem Blick sieht der Beichtende zunächst nur die obere Bildzone mit dem Gericht. Senkt er seinen Blick und geht er im Aussprechen seiner Schuld vor Gott auf die Knie, dann erscheint vor ihm nur die untere Bildzone. Seine Augen blicken auf den Christusweg. Der gekreuzigte und auferstandene Herr steht auch im Gericht für ihn ein.

Diese Verbindung vom irdischen zum ewigen Haus Gottes ist ein geistlicher Vorgang, der auch im Text der steinernen Gedenkplatte benannt wird, die im Jahr 1887 zum Abschluß der Kirchenrenovierung in der St. Georgskirche angebracht wurde:

»Dankbar freut sich die Evangelische Gemeinde ihres in neuer Schöne entstandenen Gotteshauses ... Hell leuchte ihr der Name Jesus Christus! Und wie der erhabene Bau mächtig empor strebt, so mögen an dieser Stätte die Seelen sich in Andacht erheben dem Vaterhause entgegen, das nicht mit Händen gemacht, sondern von Gott uns erbaut ist und ewig währen wird im Himmel.«

Maria Magdalena – die unbekannte Frau

Im öffentlichen Bewußtsein und Sprachgebrauch steht in Verbindung mit der Nördlinger St. Georgskirche immer nur der Heilige Georg als Patron und Namensgeber im Vordergrund. Der 23. April, sein Namenstag im alten Heiligenkalender, galt in der freien Reichsstadt auch nach der Reformation noch als ein wichtiger Feiertag, an dem bis ins 18. Jahrhundert hinein die Ratswahlen abgehalten wurden. Demgegenüber ist das Wissen, daß es zwei Patrone sind, der die St. Georgskirche und ihr Hochaltar geweiht sind, den beiden Heiligen Georg und Maria Magdalena, nahezu verloren gegangen.

Maria Magdalena ist zur unbekannten Frau geworden. Im Gebäude selbst jedoch bleibt dieses Wissen gestalterisch bewahrt: Die Figuren des Georg und der Maria Magdalena treten an vier herausragenden Orten des Kirchenraumes immer paarweise als einander zugeordnet auf – als Steinplastiken 1507 im Schmuck der Westempore, als zierliche Figuren aus Sandstein am Korb der Kanzel von 1499, im Chorgewölbe-Gemälde von 1497 und im Figurenprogramm des Hochaltars von 1462.

Die von Nikolaus Gerhart von Leiden geschaffene Figur der Maria Magdalena aus dem Hochaltar von 1462 wurde auch in die frühbarocke Umgestaltung des Altargehäuses übernommen und flankiert zusammen mit dem Heiligen Georg die Kreuzigungsszene. Sie tritt uns als anmutige und selbstbewußte Frau gegenüber. Wie im Spätmittelalter üblich trägt sie ein prächtig gestaltetes Gewand, das an ihre königliche Herkunft erinnert, und lange, gelöste Haare. Die Salbbüchse in der linken Hand hat sie an ihren Oberkörper gedrückt. Mit der rechten Hand öffnet sie den heute nicht mehr erhaltenen Deckel der Salbbüchse. Von ihm ist nur noch der Knauf zwischen ihren Fingern übriggeblieben. Ganz bewußt hat Nikolaus Gerhart von Leiden ein leichtes Doppelkinn angedeutet und ihre Taille durch die Gewandfaltung betont. Selbstbewußt tritt diese Maria Magdalena uns entgegen, weil der auferstandene Christus in ihr am Wirken ist. So bildet sie ein echtes Gegenüber zum zierlichen Ritter St. Georg mit der Wespentaille und der goldenen Rüstung. Maria Magdalena repräsentiert in der

St. Georgskirche den weiblich-mütterlichen Anteil unserer Frömmigkeit.

Verschiedene Berichte des Neuen Testamentes und spätere Legenden wurden zum Namen und zur Gestalt der Maria Magdalena zusammengezogen: die Sünderin, die Jesu Füße salbte und mit ihrem Haar trocknete, die Frau, die Jesu Leichnam bei der Grablegung salbte, und die Auferstehungszeugin, der Christus am Ostermorgen im Garten begegnete. Die mittelalterliche Legende betont in besonderer Weise die Schönheit der Maria Magdalena. »Maria Magdalena ... war von edler Geburt, denn sie stammte aus königlichem Geschlecht ...« Aus Langeweile habe sie sich ganz der »leiblichen Wollust« hingegeben und in der Begegnung mit Jesus ihre Bekehrung erfahren.

Die »Goldene Legende« des Jacobus de Voragine berichtet von einer abenteuerlichen Meerfahrt der Maria Magdalena, die im Rahmen einer frühen Christenverfolgung von den Ungläubigen zusammen mit anderen Christen auf ein steuerloses Schiff gesetzt und auf das Meer hinausgetrieben wird. Durch Gottes Fügung landet das Schiff wohlbehalten an der Küste Südfrankreichs. Unter der Vorhalle eines heidnischen Tempels tritt Maria Magdalena vor die dortige heidnische Bevölkerung, hält sie vom Dienst der Abgötterei ab und »predigte ihnen Christum mit großer Zuversicht. Da verwunderte sich alles Volk der Schönheit ihres Angesichts und der Süßigkeit ihrer Rede.«

Die anmutige und selbstbewußte Maria Magdalena aus dem Hochaltar der St. Georgskirche – so stelle ich sie mir bei dieser Predigt in Südfrankreich vor. Mehrfach ist in den Legenden ganz selbstverständlich von der Predigttätigkeit dieser heiligen Frau die Rede. Eine reife Persönlichkeit bezeugt Christus. Sie hat den Schatten ihrer Lebensgeschichte in positiver Weise integriert. Der auferstandene Christus ist in ihr am Wirken.

Maria Magdalena lädt ein, dieser Kraft des auferstandenen Christus zu vertrauen, die durch die Taufe auch in uns hineingelegt ist. Sie macht deutlich, daß es im Glaubensleben auf beide Anteile, die weiblichen und die männlichen ankommt und auf keine Seite verzichtet werden kann. Und die Schönheit der Maria Magdalena, die im Spätmittelalter immer wieder betont wird, ist Hinweis auf die Schönheit Christi.

Abb. 12   Maria Magdalena aus dem Hochaltar, 1462.   Foto: Wolfgang Bouillon

Maria Magdalena ist Abbild dieser Schönheit des auferstandenen Christus, die einst vollkommen von uns betrachtet werden kann, wenn wir endgültig Anteil am himmlischen Gottesdienst erhalten und Christus von Angesicht zu Angesicht schauen.

Die Engel am Hochaltar

Der von dem Straßburger Bildhauer Nikolaus Gerhart von Leiden 1462 gestaltete gekreuzigte Christus aus dem Hochaltar der St. Georgskirche wird heute unterhalb seiner am Kreuz ausgebreiteten Arme von zwei zur ursprünglichen Altarausstattung gehörigen im Luftraum fliegenden Engeln flankiert. Ursprünglich umschwebten vier solcher Engel aus der Hand des Bildhauers Nikolaus Gerhart von Leiden den Gekreuzigten im Nördlinger Hochaltar. Einer davon befindet sich heute im Besitz der Pfalzgalerie Kaiserslautern, der andere gilt als verschollen, während die beiden verbliebenen erst 1927 im Zusammenhang der 500-Jahrfeier des Baubeginns von St. Georg wieder an ihren ursprünglichen Ort zurückkehrten und seit der ersten Hälfte des 19. Jahrhunderts in der Sakristei bzw. zuvor auf dem Kirchenboden lagerten, weil sie dem künstlerischen Empfinden und der Frömmigkeit des 19. Jahrhunderts nicht mehr entsprachen.

Der linke Engel unter dem Gekreuzigten besitzt einen gefiederten Körper. Das Gefieder, das wie eine Art feine Reliefzeichnung wirkt, setzt am Hals an und bedeckt den ganzen Leib. Sein mit einer strengen Frisur bedecktes Gesicht ist schmerzlich verzogen. Der Kopf ist gesenkt und zurückgelegt. Der Engel hat die angewinkelt erhobenen Hände im Flug fest aufeinander gepreßt. Sein Körper ist richtungslos mit einer Fülle an divergierenden Achsen gestaltet. Das innen rot gefasste lange Gewand, das im Kontrast zur Bewegung des Körpers eine starke Eigenbewegung entfaltet, ist zweimal um den Unterkörper geschlungen. Sein Saum flattert nach links weg.

Der rechte Engel trägt anstelle des Gefieders ein liturgisches, außen gold und innen blau gefasstes Gewand. Schützend hat er im Flug seine beiden Hände ausgebreitet. Die rechte Hand fehlt heute. Überkreuzt vor der Brust trägt er eine rote Diakonenstola. Sein Gewand ragt in Flugbewegung nach rechts über die Füße hinaus. Der Kopf ist leicht nach rechts gesenkt und zurückgelegt. Das glatte Gesicht wird von lockigem Haar gerahmt.

Beide fliegende Engel nehmen leidenschaftlich Anteil am Tod Christi. Durch die divergierenden Bewegungsabläufe ihrer Körpergestaltung wirken sie wie in äußerste Erregung versetzt. Sie bringen den Schmerz und die Trauer körpersprachlich zum Ausdruck und halten sie wie in einem flatternden Reigentanz vor Gott in Bewegung. Der gefiederte Engel steht für das schmerzvolle Klagen, das in der Verzerrung seines Gesichtes und in seinen verzweifelt aufeinander gepreßten Händen zum Ausdruck kommt. Der gewandete Engel dagegen steht für die sanfte Trauer. Zwei völlig unterschiedliche seelische Zustände kommen so zum Ausdruck. Der gewandete Engel hatte wohl ursprünglich über der Figur der Maria, der Gefiederte über der Figur des Johannes seinen Ort. Beide nahmen die jeweilige Haltung der Hände der unter ihnen stehenden Assistenzfiguren des Gekreuzigten auf und verschränkten zudem deren Gesichtsausdruck im Umgang mit der Trauer chiastisch: Der sanft in die Weite des Bildraumes hinaus trauernden Maria blieb vom Blick her der gefiederte Engel mit dem schmerzverzogenen Gesicht und dem mit verzweifeltem Gesichtsausdruck in sich hineintrauernden Johannes der sanft erduldende Engel zugewendet.

Die ursprünglich vier um das Kreuz schwebenden Trauerengel entrückten Christus dem irdischen Golgatha. Im früheren, in der Werkstatt Friedrich Herlins ausgemalten Hochaltarschrein von 1462, der in St. Georg noch besichtigt werden kann, hinterlegte ein von Engeln gehaltener Brokatvorhang die Figuren des Gekreuzigten, der Maria, des Johannes sowie der Heiligen Georg und Maria Magdalena. Die vier Trauerengel schwebten in einer Zone darüber vor einem blauen sternenbesetzten Himmel und betonten die wichtigste Figurengruppe des Hochaltarschreins nochmals in besonderer Weise.

Das 1683 vom – wie Nikolaus Gerhart von Leiden – ebenfalls aus Straßburg stammenden Bildhauer Johann Michael Ehinger gestaltete frühbarocke neue Altargehäuse, das in Wirklichkeit nur eine Ummantelung des alten spätgotischen Altarschreines darstellte, fügte drei weitere Engel dem Bildprogramm des Nördlinger Hochaltars zu. Auf der Bekrönung des über zwei gewundenen Säulen ruhenden Aufbaus stehen nun drei girlandehaltende Putten, die eine Palme, ein Schwert sowie Kelch und Kreuz in Händen tragen und in der im Stadtarchiv erhaltenen Rechnung des Bildhauers als Personifikationen der Gerechtigkeit, des Friedens und des Glaubens bezeichnet sind. Sie stehen für

Abb. 13a   Engel am Hochalter, 1462.
Foto: Wolfgang Bouillon

Abb. 13b   Engel am Hochalter, 1462.
Foto: Wolfgang Bouillon

den Triumph des gekreuzigten und auferstandenen Christus über den Tod. Zielpunkt ihrer Meditation sind die von dem mittig den Aufsatz bekrönenden Putto getragenen Gegenstände Kelch und Kreuz.

Die Meditation von Kelch und Kreuz stellt das Bildprogramm des Nördlinger Hochaltargehäuses von 1683 in die Nähe der barocken Passionsmusiken. So heißt es in der Gethsemane-Szene im von Christian Friedrich Henrici alias Picander verfassten und 1729 in Leipzig veröffentlichten Text der Matthäus-Passion von Johann Sebastian Bach:

»Er ist bereit, den Kelch, des Todes Bitterkeit, zu trinken, in welchen Sünden dieser Welt gegossen sind und häßlich stinken, weil es dem lieben Gott gefällt. Gerne will ich mich bequemen, Kreuz und Becher anzunehmen, trink ich doch dem Heiland nach. Denn sein Mund, der mit Milch und Honig fliesset, hat den Grund und des Leidens herbe Schmach durch den ersten Trunk versüsset.«

Die Engel am Hochaltar haben ganz unterschiedliche Funktionen. Die gemalten Engel der ursprünglichen Schreinrückwand verbergen und verhüllen mit dem von ihnen gehaltenen Brokatvorhang den gekreuzigten Christus und das Geheimnis seines heilbringenden Todes für die mit eingeschlossene Gemeinde vor der Außenwelt. Die Engel im frühbarocken Auszug meditieren in Kelch und Kreuz den Triumph der Auferstehung Christi über die Macht des Todes. Und die beiden noch erhaltenen Trauerengel, die den Gekreuzigten unruhig umschwirren, halten den Schmerz und die Trauer vor Gott in Bewegung und machen etwas von dem deutlich, was Dietrich Bonhoeffer im Blick auf den Umgang mit der menschlichen Trauer einmal mit folgenden Worten beschrieben hat:

»Es gibt nichts, was uns die Abwesenheit eines uns lieben Menschen ersetzen kann... Es ist verkehrt, wenn man sagt, Gott füllt die Lücke aus. Er füllt sie gar nicht aus, sondern er hält sie vielmehr gerade unausgefüllt und hilft uns dadurch, unsere alte Gemeinschaft miteinander – wenn auch unter Schmerzen – zu bewahren.«

Abb. 13c   Gekreuzigter und Engel am Hochaltar, 1462.

Foto: Wolfgang Bouillon

Das Schweißtuch der Veronika

Über dem Hochaltar von St. Georg sind die Gewölbefelder im östlichen Joch des Chores mit figürlicher Malerei geschmückt. Neben den beiden Kirchenpatronen Georg und Maria Magdalena, die die Mutter Jesu mit dem Kind auf den Armen, von musizierenden Engeln gerahmt, begleiten, bildet ein frontal wiedergegebenes Christusantlitz ohne Halsansatz, das sogenannte Schweißtuch der Veronika, von den Wappentieren der vier Evangelisten umgeben, das Zentrum der 1497 von Sebald Bopp geschaffenen Komposition. Das Christusantlitz befindet sich im Zentrum eines Gewölberippen-Vierblattes. Über Christus erhebt sich Maria mit dem Jesusknaben auf dem Arm als Halbfigur in den Wolken. Die sie flankierenden Engel musizieren auf einem Orgel-Portativ und einer Laute – ähnlich wie ein Vierteljahrhundert später im Maßwerkhelm des Sakramentshauses. Maria Magdalena und der Heilige Georg haben ihren Ort in den Gewölbezwickeln. Georg trägt die Kreuzesfahne, Maria Magdalena hält die Salbenbüchse in den Händen. Die das Christusantlitz umgebenden Evangelistensymbole, der Engel (Matthäus), der geflügelte Löwe (Markus), der geflügelte Stier (Lukas) und der Adler (Johannes) tragen Schriftbänder mit den jeweiligen Evangelistennamen. Zwischen Maria und Christus eingefügt ergänzt das Nördlinger Stadtwappen, der Reichsadler, als Wappenschild auf dem Schlußstein die Komposition.

Der Künstler Sebald Bopp, aus Bamberg stammend, wird 1485 Nördlinger Bürger. 1503 verstirbt er in Bamberg. 1880 wird das Deckengemälde einer Restaurierung unterzogen. Eine Inschrift am rechten Ende des oberen Schriftbandes beim Evangelistensymbol des Lukas weist darauf hin und nennt den Maler J. Deffner.

Wohl mit der Funktion des Raumes hinter dem Hochaltar als dem Ort der Beichte im Spätmittelalter hängt die Ausrichtung der Gewölbemalereien zusammen. Sie sind erst dann richtig und aufrecht stehend zu betrachten, wenn man um den Hochaltar schreitet und von hinten

Abb. 14 Schweißtuch der Veronika aus dem Chorschlußgewölbe, 1497.

Foto: Wolfgang Bouillon

gegen das Schiff der St. Georgskirche blickt. Das Christusantlitz erhebt sich über dem, der zur Beichte vor den hinter dem Hochaltar sitzenden Priester trat.

Das Schweißtuch der Veronika ist mit einer mittelalterlichen Legende verbunden, die sich um den schwer erkrankten römischen Kaiser Tiberius rankt, der von einem in Jerusalem wirkenden Arzt hört und sich von ihm Heilung erhofft. Sein Diener trifft in Jerusalem auf Veronika, eine der Begleiterinnen Jesu, die ihm vom Kreuzestod ihres Herrn erzählt und ein kostbares, auf einem Tuch eingedrücktes Bildnis Christi zeigt. Zusammen mit dem Diener des Kaisers macht sie sich auf den Weg nach Rom, und Tiberius wird durch das bloße Anschauen dieses Bildes geheilt. Christus erweist sich als der Arzt, der durch die heilende Kraft seines Antlitzes auch dem heidnischen Kaiser Tiberius helfen kann.

Das geheimnisvolle Christusbild im Gewölbefeld über dem Hochaltar von St. Georg wird von der Legende auf den Augenblick der Kreuztragung zurückgeführt. Veronika steht mit den anderen Frauen am Rand des Kreuzweges Jesu und reicht dem unter der Last des Kreuzes zusammenbrechenden Jesus liebevoll ein Tuch. Jesus reicht es ihr zurück, nachdem er sein schmerzerfülltes Gesicht darin getrocknet hat, und sein Antlitz bleibt auf geheimnisvolle Weise dauerhaft in diesem Tuch abgebildet.

Veronika mit ihrer zärtlich-liebevollen Christusbegegnung wird so zum weiblichen Gegenüber des Simon von Kyrene, der Jesus das Kreuz tragen helfen mußte. Auch von dem Christusantlitz im Gewölbefeld von St. Georg geht eine beeindruckende Wirkung aus. Christus blickt mich unmittelbar an, tritt mir entgegen. Ich muß seinem Blick standhalten, einem liebevollen Blick, aus Leiden und Schmerz heraus. Ich erhalte durch diesen Blick Anteil an seinem Leidensweg und werde mit in seine heilende Kraft hineingenommen. Dies ist ein Vorgang, den viele unserer evangelischen Passionslieder zum Ausdruck bringen, am eindrücklichsten Paul Gerhardts »O Haupt voll Blut und Wunden«, das aus der stillen Betrachtung eines solchen Schweißtuches der Veronika entstand. Paul Gerhardt war seit 1651 Pfarrer an St. Mauritius in Mittenwalde/Sachsen. Bei jedem Gottesdienst fiel sein Blick am Altar auf die Darstellung des Schweißtuches der Veronika. 1656 gestaltet er sein Lied »O Haupt voll Blut und Wunden« und überträgt darin die in der Legende beschriebene heilende Wirkung des Christusantlitzes in eine geistliche Erfahrung. Mit dem »Du« des Liedes als Gruß an Christus, der aus dem Palast des Pilatus dornengekrönt herausgeführt wird, ist mein eigenes Leben mit in die Passion Jesu einbezogen. Vom Zuschauer werde ich zum Mitbetroffenen:

»O Haupt voll Blut und Wunden, voll Schmerz und voller Hohn, o Haupt, zum Spott gebunden mit einer Dornenkron, o Haupt, sonst schön geziert, mit höchster Ehr und Zier, jetzt aber hochschimpfieret: gegrüßet seist du mir!« In der letzten Strophe wendet Paul Gerhardt dann die Christusbilderfahrung auf das eigene Sterben an: »Erscheine mir zum Schilde, zum Trost in meiner Not, und laß mich sehn dein Bilde, in deiner Kreuzesnot. Da will ich nach dir blicken, da will ich glaubensvoll dich fest an mein Herz drücken. Wer so stirbt, der stirbt wohl.« (EG 85, 1 und 10)

Veronika, eine der Frauen um Christus, die ihn bis zuletzt begleiteten, ist selbst mit ihrer Person völlig hinter das Bild zurückgetreten. Sie wird zur stillen Vermittlerin einer der ganz grundlegenden Erfahrungen der Leidensgeschichte Jesu: ihrer heilenden Kraft, die bis heute dort erlebt und nachempfunden werden kann, wo ich mich diesem Blick des leidenden Christus aussetze und seine Wirkung auf mich und mein Leben zulasse.

Christusberührung

Historische Abendmahlskelche, wie dieser um 1600 entstandene aus dem früheren Bestand der Nördlinger Spitalkirche, sind in der St. Georgskirche noch bei jeder Feier des Heiligen Abendmahls in Gebrauch. Ihnen haftet eine besondere, ihren kunsthistorischen Wert transzendierende Würde an. Es sind Kelche, die von Christus über die Jahrhunderte hindurch immer wieder in seinem Heiligen Mahl in den Dienst genommen wurden.

Die meisten dieser historischen Abendmahlskelche gehen auf Stiftungen einzelner Gemeindeglieder zurück und tragen, oft an unauffälliger Stelle, deren Namen oder Familienwappen. Gerade Goldschmiedearbeiten gehören zu den kunsthandwerklichen Gegenständen, die eine besondere intensive Beziehung zu ihrem Besitzer eingehen. Häufig ist ihre Entstehung dadurch ermöglicht worden, daß die Stifter dem Goldschmied das für die Herstellung notwendige Altmetall in Form des Familiensilbers zur Verfügung stellten und damit ein Stück ihrer eigenen Lebens- und Familiengeschichte in die Gestaltung des gestifteten liturgischen Gerätes einbrachten. Stiftungen entspringen dem Wunsch, den eigenen Namen dauerhaft in das Geschehen auf dem Altar einzubringen. Die Verstorbenen bleiben in den durch sie gestifteten liturgischen Geräten mit eingebunden in den Gottesdienst.

Historische Abendmahlskelche verknüpfen die Lebens- und Glaubensgeschichte einzelner bewußt mit ihrem Kirchenraum. Durch sie bleibt die gottesdienstliche Gemeinde nicht auf ihre sichtbaren und anwesenden Glieder beschränkt, sondern wird durch das Heilsgeschehen im Sakrament auch mit der unsichtbaren, Erde und Himmel umfassenden, Leib, Geist und Sinne umschließenden Gemeinde, der Gemeinschaft der Heiligen, verbunden.

Aber nicht nur die Stifter, sondern weitere Generationen vor uns haben an diesen Kelchen sichtbare und unsichtbare Spuren der Berührung hinterlassen, ihre Lippen unzählige Male an die Kelche gesetzt und auf ihnen unsichtbare Abdrücke konkreter menschlicher Lebensgeschichten in der unmittelbaren Berührung mit Christus und seinem Blut hinterlassen. Der Kelch wird zum Träger der Gemein-

Abb. 15
Abendmahlskelch
aus der Spitalkirche.
Foto: Landeskirchliches
Archiv Nürnberg

schaft der Glaubenden, die die Gegenwart in die Vergangenheit hinein übersteigt. Ein Abendmahlskelch schließt die himmlische und irdische Gemeinde in Christus zusammen. Er ist gegenständlicher Hinweis auf eine oft vergessene Dimension gottesdienstlichen Geschehens. Und er repräsentiert zugleich über die Jahre hinweg durch die unsichtbaren Spuren der Berührung auch meine eigene Lebensgeschichte, die ebenfalls in Christus in ihn einbeschrieben wird, durch den Abdruck meiner Lippen am Rand des Kelches.

In der gottesdienstlichen Feier ist der Kelch meinen Augen nicht dauernd verfügbar, sondern wird ihnen auch wieder entzogen. Er wird gereicht, wandert durch die Reihe der Kommunikanten aus meinem Blickfeld, kehrt von dort wieder zum Altar zurück. Es ist eine besondere Weise des Sehens, durch deutende Worte und Gebete begleitet. Dieses besondere Schauen des Kelches im Gottesdienst steht in enger Nähe zur Seh-Erfahrung der beiden Emmaus-Jünger, von der der Evangelist Lukas berichtet (Lukas 24, 13-35). Die beiden Jünger erkennen den auferstandenen Herrn, der ihnen als unbekannter Wanderer am Ostermorgen begegnet, nicht von Angesicht zu Angesicht sehend, sondern lediglich im Brechen des Brotes, im Blick auf seine Hände und die durch sie berührten und getragenen Elemente des Heiligen Mahles. Auch der Kelch nimmt eine solche Mittlerfunktion ein, steht für das notwendige, aber noch unvollendete Sehen, das erst in der Vollendung in ein vollkommenes Schauen von Angesicht zu Angesicht übergeführt wird. Der Kelch vermittelt in der Abendmahlsfeier eine vorläufige Schau des auferstandenen Herrn, ermöglicht eine besondere, aber zugleich vorläufige Weise des mit dem Schauen verbundenen Berührens.

Der Kelch wird durch das Nehmen und Berühren mit meinen Händen und Lippen für einen Augenblick zu einem Teil von mir selbst und meines Körpers und läßt mich damit unmittelbar Christus als seinem Inhalt gegenübertreten. Indem ich den Kelch mit meinen Händen und Lippen berühre und ihn punktuell zu einem Teil meines eigenen Körpers mache, erlebe ich in der Feier des Heiligen Abendmahles das, was im Markusevangelium von der Begegnung der blutflüssigen Frau mit Christus berichtet wird (Markus 5, 25-34). Das Berühren des Kelches mit meinen Lippen ist ein analoger Vorgang zum Berühren des Saumes des Gewandes Christi durch die Frau in der biblischen Erzählung. Beide Male führt dieses Berühren durch einen Vermittler, durch den Kelch bzw. den Saum des Gewandes, zu einer unmittelbaren, anschaulichen Verbindung mit Christus, hat seine persönliche Gegenwart für den Berührenden zur Folge. Zugleich setzt sich Christus im Kelch auch aus, so, wie er der Berührung in der biblischen Erzählung ausgesetzt ist, läßt zu, berührt zu werden von Menschen, die wiederum ihre Spuren am Rande des Kelches hinterlassen.

Der Taufstein: Ein Weg durch Zeit und Kirchenraum

Die zwischen 1427 und 1505 errichtete Nördlinger St. Georgskirche, eine der bedeutenden spätgotischen Hallenkirchen in Süddeutschland, besitzt einen schlichten steinernen Taufstein aus dem Jahr 1492, an dessen verschiedenen Stationen im Kirchenraum sich der Wandel von Taufgottesdienst und Taufverständnis zwischen 1492 und heute deutlich ablesen läßt.

Die achtseitige Steinschale, deren Rand von einem mit neugotischem Maßwerk verzierten Zinnband von um 1840 bekrönt wird, ruht auf einem einfachen Fuß, dem die Jahreszahl 1492 deutlich sichtbar einbeschrieben ist. Bei Taufgottesdiensten und Kirchenführungen zeigte ich den Besuchern gerne zwei Dinge an unserem Taufstein: Ich hob den jetzigen hölzernen einfachen Deckel ab und ließ sie in das tiefe metallene Taufbecken blicken, das genug Raum geboten hatte, einen neugeborenen Täufling wirklich ganz im Taufwasser unterzutauchen. Und ich zeigte ihnen die Feuerstelle im Fuß des Taufsteines, die dazu gedient hatte, mit glühenden Kohlen in der kalten Jahreszeit das Taufwasser zu erwärmen. Heute wird in Nördlingen-St. Georg mit einem silbernen Taufgeschirr getauft, das 1734 von Ernestine Juliane von Zigesar, geborene Beer von Beerenberg, gestiftet wurde und aus einer Taufschale mit Taufkanne besteht. Der Taufstein selbst dient als mächtiger Sockel für die eher zierliche barocke Taufschale. Das ursprüngliche tiefe Becken des Taufsteines läßt den alten Brauch des Untertauchens der Täuflinge im Taufwasser noch erahnen, der bis in das Spätmittelalter hinein üblich war. Das Untertauchen im Wasser stand für die neue Geburt, die in der Taufe geschenkt wird, und war sicher für die Täuflinge auch ein bedrohlicher Akt. Unterzutauchen und, durch Angst und Bedrohung hindurch, mit Christus zu sterben und wieder aufzuerstehen, das vollzog sich real in der Taufe, so wie es Paulus im Römerbrief (Römer 6, 3-5) beschreibt.

Verschiedene Standorte innerhalb der St. Georgskirche haben die Geschichte des Taufsteines mitbestimmt. Es lassen sich insgesamt fünf Stationen unterscheiden:

Station I: Zwischen 1492, d.h. nach der Fertigstellung des Turmes der St. Georgskirche, und der Einführung der Reformation in Nördlingen 1524 befand sich der Taufstein wohl im Turmuntergeschoß der St. Georgskirche. Wer durch das Hauptportal und die westlich der Hallenkirche vorgelagerte Turmunterhalle schritt, kam am Taufstein vorbei und wurde an die Taufe als der Grundlage seines Abschwörens von den dämonischen Mächten erinnert. Die Taufe vollzog sich sozusagen im Eingangsbereich der spätgotischen Hallenkirche. Ein ursprünglich zugehöriger Taufsteindeckel wurde 1647 zerstört.

Station II: Zwischen dem 16. Jahrhundert und der großen Kirchenrenovierung von 1877/87 befand sich der Taufstein an dem der Sakristei gegenüberliegenden südlichen Pfeiler in Höhe des Choreinzuges. Sein Standort ist durch den Grundriß der St. Georgskirche von Johann Philipp Moll, einer kolorierten Federzeichnung von 1740, dokumentiert. Zwischen 1681 und 1683 wurde an diesem Pfeiler ein vom Nördlinger Bildhauer und Kunstschreiner Johann Michael Ehinger (1695 verstorben) gefertigter mächtiger baldachinartiger Taufsteindeckel befestigt, dessen Bekrönung die noch erhaltene Holzfigur Johannes des Täufers darstellte. Zwischen Taufstein und Taufsteindeckel spannte sich über den Pfeiler ein entsprechend gebogenes Gemälde der Taufe Jesu im Jordan von 1609, das ebenso wie der Schalldeckel und das die Taufstätte umgebende schmiedeeiserne Gitter nicht mehr vorhanden ist. »Der Baldachin über dem Taufstein trägt außer nebensächlichen Verzierungen einen Johannes den Täufer, auf Christus deutend«, schreibt Christian Mayer 1876 in seiner Beschreibung der Stadt Nördlingen. Auskunft über die Gestaltung dieses dem Schalldeckel der Kanzel formal ebenbürtigen mächtigen Taufsteindeckels gibt eine 1883 in London erstmals veröffentlichte Zeichnung des Orgelgehäuses der St. Georgskirche von Arthur G. Hill, die wohl noch vor der Kirchenrenovierung von 1877 gefertigt wurde.

Wichtig ist der Gesamtverweisungszusammenhang des den frühbarocken Taufsteindeckel bekrönenden Johannes des Täufers mit Hochaltar und Kanzel der St. Georgskirche. Zwischen 1681 und 1683 wurden Kanzel, Taufstein und Hochaltar umfassenden Veränderungen

Abb. 16
Taufstein, 1492.
Foto: Wolfgang Bouillon

und Ergänzungen durch Johann Michael Ehinger unterzogen. Johannes der Täufer vom Taufsteindeckel verwies mit seiner ausgestreckten Hand auf den den Schalldeckel der Kanzel bekrönenden auferstandenen Christus und dieser wiederum in Segensgebärde in Richtung des Hochaltars, der 1683 von Johann Michael Ehinger ein neues Gehäuse für die spätgotischen Figuren des ursprünglichen Schreines von 1462 erhalten hatte.

Station III: Im Zusammenhang der umfassenden Kirchenrenovierung von 1877 bis 1887 wurde der Taufstein neu in der Lauingerkapelle der St. Georgskirche aufgestellt. Die Lauingerkapelle im ersten Ostjoch von St. Georg wurde um 1450 von dem wohlhabenden Nördlinger Bürger Narziß Lauinger als Gruftkapelle seiner Familie gestiftet und öffnet sich in zwei schlanken Spitzbogen gegen die Kirche. Dem Mittelpfeiler und an den Seiten sind fialenartige Zierpfeiler vorgelegt, die von Figuren der Maria, der Afra und des Bischofs Narzissus bekrönt werden. Mit der Verbringung des Taufsteins in die Lauingerkapelle, die lediglich eine mobile Bestuhlung erhielt und deren Glasfensterprogramm von 1886 mit der Kindersegnung und der Taufe Jesu im Jordan auf die Taufe bezogen wurde, konnte ein zentraler, im Ganzen des Kirchenraumes herausgehobener und dennoch intim-familiärer Taufraum geschaffen werden, der nur einer sehr kleinen Taufgemeinde Platz bot. Als Ersatz für die 1945 durch eine Fliegerbombe zerstörten Glasfenster des ausgehenden 19. Jahrhunderts wurden von Nördlinger Bürgern 1963 und 1973 zeitgenössische Glasfenster, die ebenfalls Bezug auf die Taufe nahmen, gestiftet.

Station IV: Im Zusammenhang der Kirchenrenovierung von 1967 bis 1977, bei der die gesamte Funktionsanordnung der St. Georgskirche unter Architekt Franz Lichtblau, München, eine grundsätzliche neue Gestaltung erfuhr, wurde auch der Taufstein aus seiner beengten Lage in der Lauingerkapelle in die Mittelachse des Chorraumes vor den Hauptaltar versetzt und war nunmehr für die gesamte gottesdienstliche Gemeinde dauerhaft sichtbar. Der durch das Chorgestühl von um 1480 sich eröffnende »Raum im Raum« bot für größere Taufgemeinden einen angemessenen Ort, ermöglichte prinzipiell den Einbezug der Taufhandlung in den Gemeindegottesdienst und betonte durch seine dominierende Anordnung die Einbindung der Taufe in den Gottesdienst der Gemeinde.

Station V: Allerdings verblieb der Taufstein nur bis 1985 in seiner zentralen Stellung in der Mittelachse des Chorraumes und wurde dann aus der Mittelachse heraus nach Norden hin verschoben und in die Nähe des vorletzten nördlichen Pfeilers vor den Hochaltar gesetzt. Der Kirchenvorstand hatte sich 1985 entschlossen, die in der oberen Sakristei erhaltene Figur Johannes des Täufers von Johann Michael Ehinger, die ursprünglich die Bekrönung des frühbarocken Taufsteindeckels gebildet hatte, zu restaurieren und auf einer neugeschaffenen

Konsole am Pfeiler über dem zu ihr hin verschobenen Taufstein zu befestigen.

Der Nördlinger Restaurator Matthias Schwenkenbecher reinigte die Oberfläche der weiß gefassten Figur aus Lindenholz und ergänzte verloren gegangene Teile wie den Kreuzstab in der linken Hand des Johannes, einen Fuß des Lammes und zwei Finger des Johannes anhand der Zeichnung Arthur G. Hills von 1883.

Mit dieser Entscheidung von 1985 wurde zwischen Hochaltar, Chorgestühl und Sakramentshaus wiederum eine geschützte und intime Zone für die Feier der Taufgottesdienste geschaffen. Zugleich wurden jedoch zwei entscheidende weitere Weichenstellungen damit vorgenommen. Zum einen wurde der Taufstein im Regelfall bei Bestuhlung des Chorraumes wieder dem Blick der gottesdienstlichen Gemeinde entzogen und war die Taufe nunmehr nicht ohne weiteres in den Gemeindegottesdienst einbeziehbar. Zum anderen entstand ein ikonografisch äußerst problematisches neues Verweisungsgefüge von Taufsteindeckel und Hochaltar. Vergleichbar dem Johannes des Isenheimer Altares, der mit ausgestrecktem Finger auf den gekreuzigten Christus verweist, wurde nun die Hand des Johannes auf den gekreuzigten Christus des Hochaltars ausgerichtet und das historische Gesamtverweisungsgefüge von Johannes, auferstandenem und gekreuzigten Christus aufgegeben bzw. widersprüchlich interpretiert. Als Konsequenz dieser Anordnung von 1985 werden in den Gemeindegottesdienst einbezogene Taufen heute nicht mehr am Taufstein von 1492, sondern mit Hilfe der barocken Taufschale am Tischaltar bzw. an einem neben ihn postierten behelfsmäßigen Tischchen gefeiert.

Seit über fünfhundert Jahren markiert so der Taufstein der St. Georgskirche einen wichtigen Ort in der Lebensgeschichte von Generationen und ist ununterbrochen in Gebrauch gewesen. Er trägt unsichtbare Spuren der Verbindung unserer Lebensgeschichte mit Gott, und er macht Gottes eindeutiges Ja zu meinem Leben ablesbar, den Durchgang vom Tod zum Leben, mit Christus. In Taufgesprächen habe ich die Taufeltern gerne eingeladen, zusammen mit ihren Kindern immer wieder einmal in der St. Georgskirche ganz bewußt auch den Taufstein aufzusuchen und sich dabei der eigenen Taufe zu erinnern. Auch für uns Erwachsene ist dies ein wichtiger Vorgang, diesen entscheidenden Ort meines Lebens aufzusuchen, an dem ich getauft worden bin, mich meiner eigenen Taufe zu erinnern. Wer sich erinnert, vergegenwärtigt, holt die am Anfang seines Lebens stehende Taufe mitten in sein Leben hinein. Tauferinnerung wird sichtbar und ablesbar. Ich stelle mir beim Betrachten dieses Taufsteines vor, wie viele ganz verschiedene Kinder der Stadt seit 1492 hier getauft wurden, welchen Weg sie gegangen sind, wie ihr Leben verlaufen ist. Und ich lade die Eltern ein, ihren Kindern zu sagen: Und Ihr gehört mit hinzu, in diese lange Reihe.

Der Taufstein der St. Georgskirche – ein schlichter, auf den ersten Blick nahezu schmuckloser Gegenstand. Und doch ist er voller Schmuck. Die unsichtbaren Lebensspuren der Verbindung mit Christus in der Taufe, die sich fünf Jahrhunderte lang in ihm eingeschrieben haben, und sein Weg durch Zeit und Kirchenraum hindurch verleihen ihm Glanz und Bedeutung und sind seine eigentliche Zierde. In einem unserer Taufgebete heißt es: »Herr, wir danken dir, daß du jeden von uns mit seinem Namen kennst. Durch die Taufe hast du uns zugesagt, daß du bei uns bist und uns erlöst hast von der Gewalt des Bösen und des Todes. Amen.«

Johannes der Täufer

Zwischen 1680 und 1683 erfolgt eine bewußte Um- und Neugestaltung des Kirchenraumes von St. Georg als Ausdruck der neuen Zeit und Frömmigkeit. Vier markante Punkte werden durch den aus Straßburg stammenden Nördlinger Bildhauer Johann Michael Ehinger gestaltet: Der Schalldeckel der Kanzel mit den Engeln, die mit den Leidenswerkzeugen spielen, und dem segnenden auferstandenen Christus auf der Weltkugel; der Deckel über dem Taufstein vor dem Pfeiler in Höhe der Sakristei mit der Figur Johannes des Täufers und dem Lamm; das neue Gehäuse für die alten Figuren aus dem Hochaltar von 1462 mit den bekrönenden Engeln, die das Geheimnis des heiligen Abendmahls meditieren sowie der Prospekt der Orgel auf der Westempore, der ebenfalls mit Engeln geschmückt wird.

Ein Netz von geistlichen Bezügen ist durch diesen Eingriff in die Gestaltung des Kirchenraumes entstanden. Dieses Netz von Bezügen ist heute nicht mehr klar erkennbar, weil vom Taufsteindeckel nur noch ein Fragment erhalten ist: Die Figur des Täufers, die seit einigen Jahren vor dem Hochaltar auf einer Konsole über den Taufstein ihren neuen Ort gefunden hat, um – wie auf dem Isenheimer Altar des Mathis Grünewald – auf den gekreuzigten Christus mit seinem ausgestreckten Arm zu weisen. Ursprünglich aber hatte diese Figur Johannes des Täufers eine andere Funktion. Sie wies auf den auferstandenen Christus des Schalldeckels der Kanzel, der den Tod überwunden hat. Der Zusammenhang von Taufe, Verkündigung und Auferstehung sollte visualisiert werden. Der Prediger auf der Kanzel, der zwischen den Evangelisten im Korb der Kanzel und der kommenden Welt Gottes steht, und Johannes, der auf den Auferstandenen verweist, bildeten die Eckpunkte. Der auferstandene Christus vom Schalldeckel der Kanzel wiederum segnete seine Gemeinde und war auf den ursprünglichen Volks- bzw. Mittelaltar der Kirche ausgerichtet. Dieser Eingriff in die Gestaltung der St. Georgskirche zwischen 1680 und 1683 schuf ein wohlüberlegtes Netz von Bezügen im Kirchenraum.

Im Zeugnis Johannes des Täufers vom Lamm Gottes, das der Evangelist Johannes in seinem ersten Kapitel überliefert, wird das Wort

»Sehen« in auffälliger Weise mehrfach gebraucht. Johannes der Täufer sieht, daß Jesus zu ihm kommt. »Siehe, das ist Gottes Lamm« (Johannes 1, 29). »Ich sah, daß der Geist Gottes herab fuhr ... und ich habe es gesehen ...« (Vers 32 und Vers 34). Der Evangelist Johannes hebt die Bedeutung des Sehens im Zusammenhang der Taufe Jesu und des Zeugnisses des Täufers hervor. Wenige Verse zurück sagt Johannes der Täufer über Christus: »Er ist mitten unter Euch getreten, den ihr nicht kennt.« (Vers 26)

Johannes der Täufer in der St. Georgskirche steht für dieses Hinweisen auf das Gesehene, das auch für uns mit den Augen des Glaubens zu erkennen ist – durch unsere eigene Taufe, mit der wir Anteil haben am Heiligen Geist. Er, der Herr, ist mitten unter uns getreten, im Gottesdienst, zu dem wir uns als Gemeinde versammeln. Christus-Gegenwart ist das Geheimnis unseres Gottesdienstes. Johannes der Täufer bezeugt diese Christusgegenwart mit seinem Sehen. Er regt aber auch zum eigenen Sehen an, wenn er darauf hinweist: »Er ist mitten unter Euch getreten.« Dies geschieht in jedem Gottesdienst.

Johannes der Täufer wird um das Jahr 1680 von Johann Michael Ehinger für den Deckel des Taufsteins der St. Georgskirche in Holz geschnitzt. Zu seinen Füßen ruht ein Lamm als realistischer Begleiter. Der linke Fuß des Täufers ist leicht angewinkelt und zurückgesetzt. Sein Oberkörper und die Füße sind nackt. Johann Michael Ehinger hebt in seiner plastischen Gestaltung in besonderer Weise die Adern hervor. Das gegürtete Gewand deutet die grobe Herkunft aus Kamelhaaren an. Johannes hält den rechten Arm waagerecht ausgestreckt und weist mit dem Zeigefinger. Der Kopf ist leicht schräg nach hinten demütig in den Nacken gelegt. Eine rauhe und urwüchsige Gestalt steht vor dem Betrachter. In der linken herabgesunkenen Hand hält Johannes einen Stab mit einer Fahne und dem lateinischen Zitat aus Johannes 1, 29: »Siehe, das ist Gottes Lamm, das der Welt Sünde trägt« schräg von sich weg. Auch hier findet sich wieder der enge Zusammenhang mit unserem Gottesdienst. Christus wird von Johannes als der bezeugt, der die Sünde der Welt trägt. Das ist ein grundlegender gottesdienstlicher Vorgang. Wir breiten diese Sünde der Welt vor Christus im Gottesdienst aus, und er trägt sie. Die christliche Gemeinde

Abb. 17 Johannes der Täufer, um 1680.

Foto: Wolfgang Bouillon

leistet mit ihren Gottesdiensten einen stellvertretenden Dienst für die Welt, indem sie dies in ihren Gebeten ausspricht: Die Sünde der Welt. Sie nennt sie in ihrer vielfachen Gestalt beim Namen und weiß sie zugleich von Christus getragen. Die Sünde der Welt, die überall dort entsteht, wo Menschen aneinander schuldig werden. Daß sie vor Gott getragen wird, ist eine wichtige Funktion unserer Gottesdienste. Durch unsere eigene Taufe sind wir mit hineingenommen in diesen Vorgang. Christus, der auch unser eigenes Versagen trägt, steht zu uns, weil wir durch die Taufe zu ihm gehören.

Johannes der Täufer begegnet noch an drei weiteren Stationen innerhalb der St. Georgskirche. Zunächst am ehemaligen Hochaltar-Gehäuse von 1462. Friedrich Herlin, der Maler aus Rothenburg, hat ihn auf die Seitenansicht des Hochaltar-Gehäuses aus einem rundbogigen Fenster blickend mit dem Lamm in den Armen gemalt. Darunter setzt er im Bild eine quadratische Schrifttafel mit dem Prophetenwort aus Johannes 1, 23: »Ich bin die Stimme, die in der Wüste ruft: Ebnet den Weg für den Herrn, wie der Prophet Jesaja gesagt hat«.

Auf einem Leinwandgemälde aus der Zeit um 1750, das sich heute links neben dem Sakristeieingang befindet, tritt uns Johannes der Täufer auf einem mächtigen Landschaftsgemälde gegenüber. Er steht mit beiden Füßen im Wasser und tauft den vor ihm knienden Jesus mit Wasser aus einer großen Muschel. Ein viertes Mal begegnet Johannes der Täufer in der St. Georgskirche am 1525 fertiggestellten Sakramentshaus. Man muß ganz um den Hochaltar hinten herumgehen und dann den Blick weit nach oben richten. Erst jetzt ist unterhalb der Spitze des aus Rothenburger Sandstein gearbeiteten Sakramentshauses in der obersten Figurengruppe ganz rechts außen Johannes mit dem Lamm zu sehen. Links neben ihm folgen Christus als Schmerzensmann und Maria, die trauernde Mutter Jesu.

Johannes der Täufer begegnet insgesamt viermal in St. Georg. Seine Gestalt macht darauf aufmerksam, daß wir solche Zeugen brauchen, die hinweisen: »Siehe! Ich sah! Und ich habe es gesehen und bezeugt: dieser ist Gottes Sohn!«

Im Johannesevangelium verdeutlicht der Täufer, daß sein Bezeugen nicht aus ihm selbst heraus geschieht, sondern in Gott seinen Ursprung und Ausgangspunkt hat. »Aber der mich sandte, zu taufen mit Wasser, der sprach zu mir: Auf wen du siehst den Geist herabfahren und auf ihm bleiben, der ist's, der mit dem Heiligen Geist tauft.« (Vers 33) Von diesem Zurück- und Voraus-Verweisen lebt unser Gottesdienst. Über diesem Vorgang tritt der Herr mitten unter uns. Johannes der Täufer in seiner vierfachen Gestalt in Nördlingen – St. Georg weist in beide Richtungen der Zeit, in die Vergangenheit und in die Zukunft. Wir als Gemeinde können uns einordnen, weil es auch für uns solche Zeugen gab und gibt, die mit ihrem Leben wie Johannes auf Christus verweisen: »Ich habe es gesehen und bezeugt. Dieser ist Gottes Sohn!« (Vers 34)

Johannes der Täufer in St. Georg lädt ein, uns solcher Zeugen bewußt zu werden und uns mit unserer eigenen Lebensgeschichte in das Netz von Bezügen einzufügen, das durch diesen Kirchenraum gespannt ist, von der Taufe über das Kreuz zum segnenden auferstandenen Christus. »Er ist mitten unter Euch getreten«, sagt Johannes, dort, wo wir selbst beginnen, uns auf seine Spuren hinweisen zu lassen.

Das Chorgestühl

Das um 1480 aus Eichenholz gearbeitete und mit Walnußöl dunkel eingelassene Chorgestühl der St.Georgskirche begrenzt den inneren Chorraum und schafft innerhalb der weiten Hallenkirche einen eigenen Raum im Raum. Seine vier Teile mit je sieben Stallen sind zwischen dem zweiten und vierten Pfeiler des Chores eingebaut. Der Mittelteil des Chores wird dadurch gegen die Seitenschiffe abgegrenzt. Hinter den einzelnen Stallen erheben sich hohe, maßwerkdurchbrochene Rückwände, die von Maßwerkbaldachinen überdacht sind. Die einzelnen äußeren Stuhlwangen werden durch Prophetenbüsten und Fabeltiere bekrönt. Unter ihnen finden sich Reliefs der Heiligen Benedikt, Christopherus, Ottilia, Vitus und Maria Magdalena. Aus den Wangen zwischen den Stallen ragen etwas oberhalb der Sitzflächen geschnitzte phantatische Menschen- und Tierköpfe hervor. Ein Totenschädel, das Haupt eines Ritters und ein kopfunter gesetztes Haupt befinden sich ebenso darunter wie Affen- und Hundeköpfe.

Die figürliche Welt des Nördlinger Chorgestühles, die sich in den 39 geschnitzten Wangenköpfen der äußeren, den Chorraum umziehenden und vor die Wände aufgestellten Kirchenstühle fortsetzt, bildet einen eigenständigen Bedeutungskosmos. Propheten und bedrohliche Ungeheuer, Heilige und die ganze Welt der in den Wangenköpfen versammelten, dem mittelalterlichen Menschen vorstellbaren Sünde stehen einander gegenüber und konkurrieren miteinander. Es ist die Welt der Psalmen mit ihren Gegensätzen von Feinden und Freunden, von bedrohenden Ungeheuern und dem aus der Not rettenden Gott, der Spannung zwischen dem brüllenden und Menschen verschlingenden Löwen und dem Hirten, der die Seinen auf der rechten Straße führt.

Wer die einfachen hölzernen Sitze des Nördlinger Chorgestühles hochklappt, wird darunter die Miserikordien entdecken. Es sind einfache geschnitzte hölzerne Stützen, die das lange Stehen im Chorgestühl erleichterten und dem Körper Halt boten. Das lateinische »Miserikordie« läßt sich auch mit »Barmherzigkeits-Stütze« frei wiedergeben. Beim Stehen in den Stallen des Chorgestühles, die natürlich auf die Proportionen der wesentlich kleineren Menschen des 15. und 16. Jahr-

Abb. 18a   Chorgestühl, um 1480.

Foto: Wolfgang Bouillon

hunderts abgestimmt waren, befinden sich die aus den Wangen herausragenden Köpfe genau in der Höhe des Unterleibes, der nach mittelalterlicher Auffassung Sitz der Sünde im menschlichen Körper war. Die in den Wangenköpfen repräsentierte Welt der Sünde ist im Gebet und in der gottesdienstlichen Andacht immer gegenwärtig. Sie kann nicht einfach ausgeblendet werden. Ich kann selbst im intensivsten Gebet nicht völlig bei Gott sein, sondern bin immer auch der Welt und ihren Zusammenhängen verhaftet. Diese Spannung wird am Nördlinger Chorgestühl ganzheitlich und körpersprachlich erlebt. Neben dem Fremden und Erschreckenden etwa in der Gestalt eines Türkenkopfes begegnen dem kundigen Betrachter in den Wangenköpfen des Chorgestühls und der weiteren Kirchenstühle alle der damaligen mittelalterlichen Medizin und Naturkunde vertrauten Krankheitsbilder, Charaktertypen, Temperamente und Schrecknisse. Ich kann im Gebet im Chorgestühl noch so sehr bei Gott sein, ich bleibe dennoch der Sünde verhaftet, bin Mensch mit Schwächen und Fehlern.

Auch im hölzernen Relief des Heiligen Christopherus auf einer der Stuhlwangen kommt diese Ambivalenz zwischen der Welt Gottes und der Welt der Sünde zum Ausdruck. Unter der Büste eines eine Schriftrolle beschreibenden Propheten mit dem Federkiel in der rechten Hand erscheint unter einem Maßwerkbaldachin die Figur des Heiligen Christopherus mit dem Christuskind auf den Schultern. Einen mächtigen Stab in der linken Hand und sein Untergewand mit der rechten Hand hochhaltend schreitet der Heilige durch das in der Konsole angedeutete Wasser des Flusses. Der Riese Christopherus trägt schwer unter der Last des Kindes, das der Welt Sünde trägt, und hat seinen Kopf vor Anstrengung zur linken Schulter hin geneigt.

Die Christopheruslegende berichtet, daß Reprobus, wie Christopherus ursprünglich hieß, sich aus seiner Heimat begab, weil er nur dem größten Herrn dienen wollte, und so nach langen Umwegen in den Dienst des Teufels trat. Doch als er entdeckte, daß dieser dem Kreuz auswich, verließ er ihn und begab sich auf die Suche nach Christus. Ein Einsiedler belehrte ihn über Christus, den höchsten König, dem er am besten dadurch dienen könne, daß er arme Leute über einen

Abb. 18b
Kopf aus dem
Chorgestühl,
um 1480.
Foto: Wolfgang Bouillon

gefährlichen Fluß heil hinüberbringe. Reprobus entschloß sich, auf diese Weise Christus seine Dienste zu weihen.

Als er sich in einer Winternacht zur Ruhe gelegt hatte, hörte er draußen dreimal jemanden bitten, ihn über den Fluß zu tragen. Er ging hinaus und fand einen kleinen Knaben, nahm ihn auf seine Schultern, ergriff seinen Stab und stieg in den Fluß. Wie er aber durch das Wasser schritt, wurde ihm das Kind zur gewaltigen Last. Der Strom schwoll zugleich mächtig an und ging über ihn hinweg, während dessen das Kind ihn taufte und ihn Christopherus nannte. Am anderen Ufer angelangt gab sich das Kind ihm als Christus zu erkennen.

Das Chorgestühl erlebte im Laufe der Zeit eine unterschiedliche Nutzung. Ursprünglich und in vorreformatorischer Zeit dienten seine Stallen wohl dem Nördlinger Stadtpfarrer, seinen Helfern und den 14 Kaplänen der verschiedenen Altäre als Sitz. Daß seine 24 Stallen nie wirklich voll durch die geistlichen Stelleninhaber besetzt waren, sondern auf Zukunft hin angelegt gewesen sind, zeigt das hohe Selbstbewußtsein, das die Nördlinger Bürger mit ihrem Kirchenbau und seiner auf eine expandierende geistliche Nutzung hin angelegten Ausstattung verbanden. Auch die Schüler der benachbarten Lateinschule nutzten das Chorgestühl, um von dort aus an großen hölzernen Notenpulten, die nicht mehr erhalten sind, täglich beim Hochamt und bei den Seelenmessen zu singen. Auch in nachreformatorischer Zeit bleibt das Chorgestühl der Ort für die Lateinschüler und ihren täglichen Kirchengesang. Generationen von Lateinschülern haben durch ihre Kritzeleien und in das Holz eingekerbten Inschriften diese Benutzung dokumentiert.

Heute werden das Chorgestühl und der Chorraum zusammen mit den zusätzlich aufgestellten Stuhlreihen in erster Linie für Taufen, Trauungen und kleinere Gottesdienste am Hochaltar von St. Georg und für das wöchentliche ökumenische Friedensgebet am Freitag benutzt. Immer wieder zieht seine Bilder- und Figurenwelt das Interesse der zum Gottesdienst und Gebet hier Versammelten auf sich. Auch für die wöchentliche Bitte um den Frieden in der Welt ist es nicht unerheblich, daß sich diese im Chorgestühl aus einer mittelalterlich geprägten Welt der Sünde heraus an Gott richtet, daß Heilige und Ungeheuer miteinander konkurrieren, und die zum Gebet versammelte Gemeinde an den Propheten und Heiligen der Stuhlwangen ablesen kann, daß sie in aller Bedrohung in Christus bewahrt bleiben wird, der der Welt den wirklichen Frieden schenkt und im Johannesevangelium spricht: »Das habe ich mit euch geredet, damit ihr in mir Frieden habt. In der Welt habt ihr Angst; aber seid getrost, ich habe die Welt überwunden.« (Johannes 16, 33)

Der Engel mit dem Orgel-Portativ aus dem Sakramentshaus

Die fotografische Aufnahme gewährt Einblick in den von Kreuzblumen geschmückten Maßwerkhelm, der sich über dem Gitterschrein des 16 Meter hohen Sakramentshauses der Nördlinger St.-Georgskirche erhebt. Sie zeigt einen der sechs schwebenden Engel. Er hält ein Orgel-Portativ, das in den mittelalterlichen Gottesdiensten benutzt wurde, in Händen. Die rechte Hand spielt auf den Tasten des auf den linken Oberschenkel aufgestützten kleinen Instruments, während die linke Hand von hinten deutlich sichtbar den mit dem Portativ verbundenen Blasebalg betätigt. Der mit einem weißen liturgischen Gewand mit heruntergeschlagener Kapuze bekleidete Engel mit seinen schulterlangen lockigen Haaren und den nackten, unter dem Gewand hervorblickenden Füßen lauscht auf den selbst hervorgerufenen, im weiten Kirchenraum verklingenden Ton. Er hält für einen Augenblick inne und blickt ganz der Musik hingegeben in die Weite des Raumes.

Deutlich sichtbar sind die Reste der ursprünglichen farbigen Fassung des Sakramentshauses und seiner Figuren. Das dunkelblonde Haar des Engels, die blauen Streifen, die sein weißes liturgisches Gewand rahmen, die detailgetreu aufgemalten Pupillen, das helle Braun des hölzernen kleinen Orgelwerkes und die hinter und über dem Engel sichtbare Hintergrundgestaltung des architektonischen Aufbaus in leuchtendem Blau lassen eine ursprüngliche Farbigkeit des Sakramentshauses erahnen, die für unsere durch das 19. Jahrhundert und seine purifizierenden Idealvorstellungen spätgotischer steinerner Sakralarchitektur geprägte Wahrnehmung kaum vorstellbar ist. Insgesamt sechs solcher musizierender Engel schweben im Nördlinger Sakramentshaus über dem Schrein für die Aufbewahrung der Hostien und repräsentieren die himmlische Musik. Mit Gambe, Laute, Harfe, Notenbuch, Orgel und bloßen, wohl ursprünglich mit einem Stab dirigierenden Händen sind sie jeder auf seine Weise dem ewigen und nie verklingenden Gotteslob im himmlischen Gottesdienst hingegeben.

Erste Pläne zur Schaffung eines Sakramentshauses für die St. Georgskirche bewegen den Nördlinger Rat im Jahr 1471. Schon zwei Jahrzehnte zuvor hatte ein Nördlinger Bürger durch die Stiftung eines Pferdes den finanziellen Grundstock gelegt. Nördlingen bemühte sich mit der Planung eines Sakramentshauses um den Anschluß an die aktuelle Entwicklung in den süddeutschen Städten. Bis zum Ende des 14.Jahrhunderts geschah die Aufbewahrung des Altarsakramentes in schlichten, lediglich mit einem Gitter verschlossenen Wandnischen in der Nähe der Altäre. Die Sakristei der St.Georgskirche besitzt noch eine solche für den Sakristeialtar bestimmte Wandnische. Das Sakramentshaus entwickelt sich in den letzten Jahrzehnten des 14.Jahrhunderts als eigenständiges architektonisches Ausstattungsstück des spätgotischen Kirchenraumes.

Zwischen 1511 und 1525 kommt das Nördlinger Sakramentshaus nach Entwürfen Stephan Weyrers zur Ausführung. Die figürliche Gestaltung übernimmt der Bildhauer Ulrich Creycz. Die von Stephan Weyrer persönlich im Steinbruch ausgesuchten Werksteine aus Rothenburger Sandstein werden im Oktober 1511 nach Nördlingen transportiert. 1515 bittet der Rat den Augsburger Bischof, den Zwölfbotenaltar der St.Georgskirche transferieren zu lassen, damit an dessen Stelle das Sakramentshaus aufgerichtet werden könne. 1525 ist es fertiggestellt und zugleich durch die kirchliche Entwicklung in Nördlingen in seiner ursprünglichen Funktion überholt und somit wahrscheinlich nie in seinem eigentlichen Sinne benutzt worden. Das Sakramentshaus war eng mit dem mittelalterlichen Meßgottesdienst verbunden. Die Zuwendung Nördlingens zur reformatorischen Lehre und insbesondere die Ablehnung der eucharistischen Anbetung außerhalb des gefeierten Gottesdienstes durch den Nördlinger Prediger Theobald Gerlacher, genannt Billicanus, macht die ursprüngliche Funktion des Sakramentshauses zunichte. Dennoch wird es in St. Georg respektvoll als Bestandteil des Kirchenraumes erhalten. Lediglich die zum Schrein führende und mit der Jahreszahl 1525 versehene steinerne Doppeltreppe wird

Abb. 19 Engel mit Orgel-Portativ aus dem Sakramentshaus, um 1525.

Foto: Wolfgang Bouillon

1854 wegen Baufälligkeit und zur Steigerung der Wirkung des Sakramentshauses »im Interesse des Schönheitsgefühls«, wie es in einem
zeitgenössischen Gutachten heißt, abgebrochen.

Das Nördlinger Sakramentshaus ist das letzte bedeutende Beispiel
spätgotischer Zierarchitektur, nach Ulm (1462-1471) und Nürnberg-
St. Lorenz (1493-1496). Über einer Sockelzone mit den vier alttestamentlichen Propheten Jesaja, Jeremia, Ezechiel und Daniel erhebt sich
der mächtige, mit einem vergoldeten Ziergitter umschlossene Schrein
für die Aufbewahrung der Hostien. Der Schrein wird von Statuetten
der vier Evangelisten sowie von acht musizierenden Putten, die bereits
Renaissanceformen aufnehmen, geschmückt. Über dem Schrein erhebt
sich im Maßwerkhelm die Zone der himmlischen Musik mit den sechs
Engeln, dann folgen darüber an der Kernsäule die Figuren von Petrus,
Christus als Salvator Mundi, Paulus und Philippus sowie die Heiligen
Katharina, Maria Magdalena und Barbara. In der Bekrönung stehen
Maria, Christus als Schmerzensmann und Johannes der Täufer und als
oberster Abschluß eine Figur des Heiligen Georg, der im Begriff ist,
den Drachen zu töten.

Der Schrein als Mittelpunkt der mächtigen Zierarchitektur birgt das
Geheimnis des für die Menschheit in Schmerz und Leid dahinge-
gebenen Christusleibes. Turm und Zentralbau, an die die Gestaltung
des Sakramentshauses sich anlehnt, erinnern nach mittelalterlicher
Auffassung an das Grab Christi. Das Sakramentshaus ist Sinnbild des
Heiligen Grabes, weil in ihm der mystische Leichnam des Herrn auf-
bewahrt wurde.

Engel treten in St.Georg nirgends sonst so gehäuft auf wie am Sakramentshaus. In der mittelalterlichen Frömmigkeit sind sie eng mit
dem eucharistischen Geschehen verbunden. So ist es nicht zufällig, daß
im ursprünglichen Schrein des Nördlinger Hochaltars von 1462 um die
Kreuzigung Christi und um das Altargeschehen ein von auf die Rückwand gemalten Engeln gehaltener Brokatvorhang gezogen ist. Aufschlußreich ist auch ein Text aus der mittelalterlichen Fronleichnams-
liturgie, der die Hostien als »Engelsbrot« bezeichnet: »Hier ist das Brot
der Engel, geschaffen als Speise der Pilger, das wahre Brot ..., das man
nicht den Hunden vorwerfen darf.«

Engel als Boten Gottes vermitteln zwischen Himmel und Erde. Am Sakramentshaus von St. Georg machen sie deutlich, daß in der Feier des Heiligen Abendmahls Himmel und Erde verbunden sind. Dies kann in jedem gefeierten Gottesdienst geahnt und für einen Augenblick erlebt werden. In besonderer Weise geschieht dies in der Feier des Heiligen Abendmahls, wo es im Präfationsgebet heißt: »Wahrhaft würdig und recht, billig und heilsam ist es, daß wir Dir, Herr, heiliger, allmächtiger Vater, ewiger Gott, allezeit und allenthalben Dank sagen, durch Jesus Christus, unseren Herrn, durch welchen Deine Majestät loben die Engel, anbeten die Herrschaften, fürchten die Mächte, die Himmel und aller Himmel Kräfte samt den seligen Seraphim mit einhelligem Jubel Dich preisen. Mit ihnen laßt auch unsre Stimmen uns vereinen und anbetend zu Dir sprechen«, und die ganze Gemeinde dann einstimmt: »Heilig, heilig, heilig ist der Herr Zebaoth! Alle Land sind seiner Ehre voll. Hosianna in der Höhe! Gebenedeit sei, der da kommt im Namen des Herrn! Hosianna in der Höhe!«

Nicht nur die zufällig hier im Kirchenraum versammelte Gemeinde feiert das Heilige Abendmahl. Ein größerer unsichtbarer Kreis kommt zusammen. Die Verstorbenen gehören ebenso dazu wie die zukünftige himmlische Welt Gottes. Irdischer und himmlischer Gottesdienst sind für einen Augenblick verbunden, und die Zeit ist wie aufgehoben. Dieser Anteil am ewigen Gottesdienst ist jedoch nicht dauerhaft. Wir kehren immer wieder zurück in unseren Alltag, bis daraus einst ein vollendetes Teilnehmen und Mitfeiern wird.

Engel begegnen an vielen weiteren Stellen in St. Georg, vom Schalldeckel der Kanzel über die Figuren des Hochaltars bis hin zum Schlußstein des Sakristeigewölbes. Sie haben ganz unterschiedliche Funktionen. Sie verhüllen das Altargeschehen vor den Augen der Außenwelt, sie trauern mit dem gekreuzigten und sterbenden Christus, sie triumphieren über seinen Sieg über den Tod, sie meditieren die Leidenswerkzeuge der Kreuzigung, sie kündigen das Gericht mit ihren Posaunen an, sie führen die Erlösten in die ewige Seligkeit und sie musizieren wie am Sakramentshaus zum ewigen Lob Gottes. Engel sind Repräsentanten einer nicht sichtbaren Wirklichkeit. Sie stehen im Raumerleben für die Gegenwart der himmlischen Dimension, die unseren Alltag von Gott her und auf Gott hin durchdringt.

Das Nördlinger Sakramentshaus ist, auch wenn es in seiner ursprünglichen Funktion kaum oder nie benutzt wurde, eine in Stein gestaltete Predigt über das Heilige Abendmahl und den Gottesdienst. Seine Architektur und seine Figuren erzählen, wie Himmel und Erde sich berühren und Gott unter den Menschen im Gottesdienst und in der Mahlfeier Gestalt gewinnt. Dem Ernst dieses Geschehens entspricht die Haltung des Engels mit der Orgel, seine Würde im Anschlagen des Tones, und zugleich die Leichtigkeit, die von seinem Musizieren ausgeht. Der Engel mit seiner Orgel steht für die Aufhebung der Zeit, die zunächst nur für einen Augenblick erlebt wird, im Hören auf das Nachklingen des angeschlagenen Tones im Kirchenraum. Dieser Vorgang vermittelt jedoch zugleich eine Ahnung von dem, was Gott denen, die durch die Taufe zu ihm gehören, in Ewigkeit verheißen hat: Über der Anbetung und dem ewigen Lobpreis zur Ruhe zu kommen und mit tiefem Sinn erfüllt zu werden.

Christus als Salvator mundi

Hoch oben im fialenartigen Aufbau des Sakramentshauses von 1525 stehen an der Kernsäule auf zierlichen Konsolen die dem bloßen Auge fast nicht mehr erkennbaren steinernen Figuren des Christus Salvator, der Apostel Petrus, Paulus und Philippus sowie im äußeren Ring der Heiligen Katharina, Maria Magdalena und Barbara.

Geheimnisvoller Mittelpunkt dieser Figurengruppe ist Christus als Salvator mundi, als Erlöser und Herr der Welt. Im Inneren des Sakramentshauses fast wie verborgen findet sich das Geheimnis und die Mitte des Bildprogramms. Christus als Salvator mundi steht auf einer blütenkelchähnlichen zierlichen Konsole unter einem Maßwerkbaldachin. Als Zeichen seiner universalen Herrschaft hält er die Kugel in der linken Hand. Die rechte, deren Mittel- und Zeigefinger abgebrochen sind, hat er segnend erhoben.

Seit der Antike wird die geometrisch ausgezeichnete Form der Kugel für die Gestalt des Kosmos gebraucht. Sie ist nach antiker Naturlehre zum einen Modell der Gestalt des Kosmos, in dessen Zentrum die kugelförmige Erde, von Sphärenhüllen umgeben, nach außen verschlossen von einem als Kugelschale vorgestellten Firmament sitzt. Zum anderen gilt die Kugel als symbolische Form für den Ort der Schicksalsentscheidung. Die mittelalterliche Gestaltung nimmt beide Vorstellungen auf und vereinigt sie in Christus. Am Nördlinger Sakramentshaus wird in der bildhauerischen Gestaltung aus Rothenburger Sandstein die Kugel in der Hand von Christus als gläsern angedeutet und mit einer goldenen, nach oben offenen Halbkugel als Fassung versehen.

Christus trägt ein einfarbiges, knöchellanges tunikaartiges Gewand. Seine Füße darunter sind nackt. Er hat den linken Fuß leicht nach vorne gestellt, so daß sich das Knie unter dem Gewand abzeichnet. Die die Kugel tragende linke Hand ist angewinkelt erhoben. Christus ist mit Bart und auf die Schultern herabwallendem Haar gestaltet. Reste der ursprünglichen farbigen Fassung sind vor allem in Gesicht und Haar sowie im Blau seiner Augen noch erkennbar.

Christus wird als eine schöne Gestalt wiedergegeben, ganz anders als der Schmerzensmann in der obersten Bildzone des Nördlinger Sakramentshauses. Der Typus des Salvator mundi entspricht ganz dem Welt- und Menschenbild der Renaissance und des Humanismus. Die Aspekte der Erlösung und der Gottesherrschaft werden im Bild eines stehenden Mannes von körperlicher Kraft und Schönheit vorgestellt. Sein Gesicht ist frontal mit gescheiteltem Haar, herabfallenden Locken und geteiltem Kinnbart gestaltet. Diese typische Darstellung, die auch am Nördlinger Sakramentshaus ablesbar ist, orientiert sich an der im Spätmittelalter beliebten Lentulus-Tradition, die Christus als von ansehnlicher Gestalt und mit ehrfurchtsgebietendem Antlitz beschreibt und gelocktes Haupthaar von dunkelglänzender Farbe, in der Mitte des Kopfes gescheitelt und von der Schulter herabfließend als weiteres Kennzeichen nennt. Ein voller Bart von der Farbe des Haupthaares, in zwei Spitzen auslaufend und gemischtfarbige, strahlende Augen gehören ebenfalls dazu. Die Legende berichtet, daß der römische Hauptmann Publius Lentulus Christus auf Befehl des Kaisers Tiberius habe porträtieren und sein Bildnis in einen Smaragd schneiden lassen. Dieser sei dann mit einer ausführlichen Beschreibung, dem sogenannten Lentulus-Brief, nach Rom gesandt worden.

Christus als Salvator mundi wahrt die kosmologischen Bezüge. Der in der Eucharistiefeier im Sakrament gegenwärtige Christus ist zugleich der Weltenherrscher. Er trägt die Welt in seinen Händen. Im 15. und frühen 16. Jahrhundert begegnet Christus als Herrscher und Erlöser der Welt häufig als plastische Figur im Zentrum der Apostel. Die Heiligen sind nicht mehr ohne ihren Herrn vorstellbar. Der Handelnde des sich am Altar vollziehenden Opfergeschehens wird auch im Bild für die Gläubigen sichtbar. Zu den Leidensbildern Christi tritt sein königliches Erscheinungsbild erneut hinzu.

Im Nördlinger Sakramentshaus begleiten die Figuren der Apostel Petrus (mit Buch und Schlüssel), Paulus (mit Schwert) und Philippus (mit Kreuz) Christus als Salvator mundi im inneren Kranz, von außen treten noch die proportional kleineren Figuren der Heiligen Katharina von Alexandrien (mit Schwert), der Maria Magdalena (mit Salbbüchse) und der Barbara (mit Kelch) hinzu. Auf unserer Abbildung ist rechts neben Christus Maria Magdalena mit im seitlichen Sonnenlicht aufstrahlendem goldblonden Haar als proportional kleinere Figur zu er-

Abb. 20
Christus als Salva-
tor mundi aus dem
Sakramentshaus,
um 1525.
Foto: Wolfgang Bouillon

kennen. Sie steht ebenfalls auf einer schlanken und zierlichen Blüten-
kelchkonsole und hält die goldgelb gefasste Salbbüchse zwischen ihren
Händen. Auch ihr haben die Spuren der Zeit schwer zugesetzt und einen Teil des rechten Armes zerstört.

Christus ist so ursprünglich auf dreifache Weise im Nördlinger Sakramentshaus anwesend: In seinem eucharistischen Leib im Hostien-
schrein, als Schmerzensmann in der Bekrönung des Sakramentshauses
und als Salvator mundi im Inneren der schlanken turmartigen Archi-

tektur. Die dreifache Christusgegenwart bietet unterschiedliche Zugänge zum Geheimnis des Glaubens an. Beeindruckend ist das Lichtspiel der transparenten Architektur des Nördlinger Sakramentshauses vor allem bei seitlich aus den Ostfenstern des Chores in das Sakramentshaus einfallendem Licht. Die ganze Würde der Figur des Weltenherrschers kommt erst dann voll zum Tragen. Geheimnisvoll liegt die gläserne Kugel in seiner Hand. Segnend tritt er, begleitet von Maria Magdalena, seiner Gemeinde im Morgenlicht gegenüber. Spätmittelalterlichem Empfinden entsprechend stehen mit Maria Magdalena und dem Christus als Salvator mundi zwei schöne menschliche Gestalten im vollen Licht vor unseren Augen und gewähren uns einen ahnenden Blick auf das Geheimnis der zukünftigen und im Kirchenraum von St. Georg doch schon immer gegenwärtigen Welt Gottes und seiner Heiligen.

Die Grabplatte für Emmeram Wager

Am Ende des Chorumganges der St.Georgskirche ist heute die aus rotem Marmor gearbeitete 224 cm hohe und 106 cm breite Grabplatte des 1516 verstorbenen Emmeram Wager in die südliche Wand eingelassen, während sein von Hans Scheufelin gemaltes Epitaph sich jetzt im Städtischen Museum in Nördlingen befindet. Emmeram Wager war der vorletzte vom Kloster Heilsbronn eingesetzte katholische Stadtpfarrer an der St.Georgskirche. Auf der ursprünglich in den Boden eingelassenen und sein Grab in der Kirche bedeckenden Platte begegnet uns Emmeram Wager in ganzer Gestalt in Meßkleidung mit Albe, Stola und Kasel. Als Zeichen seines priesterlichen Amtes trägt er den Meßkelch in seiner linken, zum Oberkörper hin abgewinkelten Hand. Seine rechte Hand ist demütig auf die Brust gelegt.

Die die Platte mit der rundbogenförmigen Nische für die figürliche Darstellung des Verstorbenen umziehende lateinische Inschrift berichtet davon, daß Emmeram Wager am 23. Dezember 1516 verstorben ist, Pfarrer dieser Kirche gewesen sei und seine Seele in Frieden ruhen solle. In der linken Ecke des Steines unterhalb der Darstellung des Verstorbenen findet sich sein Wappen. Als Pfarrer der Kirche wurde Emmeram Wager in der St.Georgskirche beigesetzt.

Mit der Grabplatte für Emmeram Wager begegnet in der St.Georgskirche einer der Pfarrer aus vorreformatorischer Zeit und steht mit seiner Gestalt und dem Priesterkelch in den Händen für einen langen gemeinsamen Weg der beiden heute getrennten großen Konfessionen. Die Person Emmeram Wagers ist aber auch verbunden mit einer Zeit großer Klagen des Nördlinger Rates und der Bevölkerung über die Amtsausübung und Präsenz des Stadtpfarrers, der sich wie Emmeram Wager meist durch andere, in der Regel wenig gebildete Kleriker vertreten ließ. Den Nachfolger Emmeram Wagers, Georg Kirchmüller, einen Nördlinger Bürgerssohn, hielten seine zusätzlichen Aufgaben als kaiserlicher Sekretär und tirolischer Kammerschreiber völlig davon ab, überhaupt seinem eigentlichen Beruf in der Heimatstadt nachzugehen. Über Emmeram Wagers Lebensweg wissen wir außer seinem Studium in Bologna und seiner Promotion zum Doktor des Kanonischen Rechtes nur wenig. Die Archive enthalten nur spärliche Nachrichten. Seine juristischen und diplomatischen Kenntnisse werden jedoch sowohl vom Nördlinger Rat wie von den Grafen von Oettingen genutzt. So erhält Emmeram Wager vom Rat der Stadt Nördlingen als Advokat und Konsulent jährlich 33 Rheinische Gulden und vertritt Nördlingen 1485 in den Verhandlungen mit Herzog Jörg von Bayern, der die Stadt befehdete. In den letzten Lebensjahren Emmeram Wagers kommt es immer wieder zu Konflikten mit dem Nördlinger Rat, die am Ende dazu führen, daß Emmeram Wager nach Oettingen zieht und sich in Nördlingen vertreten läßt. Um das Jahr 1510 spitzt sich die Situation zunehmend zu. Der Nördlinger Rat weist die Magd des Pfarrers, das Ketterlin, »ohne die er nicht sein könne«, wie es heißt, aus der Stadt aus. Emmeram Wager führt Klage, daß der Rat zur Verfolgung eines Diebstahls sein Pfarrhaus aufbrechen habe und seine Diener verhaften und aus der Stadt weisen lassen. Sein weiterer Aufenthalt in der Stadt sei deshalb nicht mehr möglich.

Von Seiten des Rates wird Emmeram Wager vorgeworfen, er stelle nur ungelehrte, junge Kleriker als Helfer ein, die kaum genügend ausgebildet seien, um Messe halten zu können.

Bereits 1506 hatte Emmeram Wager in einem Brief an Abt Sebald von Heilsbronn geklagt, daß der Rat die ihm zustehenden Gefälle mindere und zugunsten des Kirchenbaus von St. Georg versuche, die Spendenanteile für den Pfarrer zu verringern.

Der Kleinkrieg zwischen dem Nördlinger Rat und seinem Pfarrer Emmeram Wager ist bezeichnend für das angespannte Verhältnis zwischen Bürgern und Klerikern zu Beginn des 16. Jahrhunderts und stellt keine Ausnahmesituation, sondern Alltagsrealität dar.

Auf seinem von Hans Scheufelin gemalten Epitaph, das sich ursprünglich rund gebogen an einem der Pfeiler der St. Georgskirche befand, ist Emmeram Wager vor der Kreuzabnahme Christi als Beter kleinfigurig kniend dargestellt. Begleitet wird er von links vom Heiligen Georg sowie von seinem Namenspatron, dem Heiligen Emmeram. Er ist mit über die Hände gelegter Stola in die Meditation des toten Leibes Christi versunken. Die Inschrift, die auch ein lateinisches Gedicht auf den Verstorbenen in sechs Hexametern enthält, ermahnt die

Abb. 21
Grabplatte für Emmeram Wager, 1516.
Foto: Klaus Raschzok

Vorübergehenden, die Seele des verstorbenen Pfarrers der Barmherzig-
keit Gottes anzubefehlen.

    Die Begräbnisse in St. Georg entsprachen dem Bedürfnis, möglichst
unmittelbar in der Nähe der Heiligen bzw. derer in den 20 Altären der
St. Georgskirche eingeschlossenen Reliquien und in der Nähe des eucharistischen Geschehens bestattet zu werden. Sie wurden nach einem
Dekret des Nördlinger Rates von 1521 abgestellt. Ausnahmen waren
nur noch bei sehr angesehenen Personen möglich. Die letzten Beiset-
zungen in der St. Georgskirche erfolgten 1704 im Zusammenhang des
Spanischen Erbfolgekrieges. Aufgrund ihrer adeligen Herkunft wur-

den neben anderen die bei den Kriegshandlungen in der Nähe von Höchstädt an der Donau gefallenen Offiziere Johann Wigand von Goor, General der Infanterie bei den holländischen Truppen sowie der dänische Rittmeister Christian von Ranzow in der St. Georgskirche bestattet, die übrigen gefallenen Offiziere und die Mannschaften auf den Friedhöfen der Stadt.

Grabplatten wie die des Emmeram Wager lagen bis 1876 noch am Boden der Kirche. Viele außerhalb des Chorgitters liegende Grabplatten waren zum Teil schon stark abgetreten. Aus konservatorischen Gründen wurden sie im Zusammenhang der großen Kirchenrenovierung des ausgehenden 19. Jahrhunderts dann in die Wände der Kirche eingelassen. Durch diese Praxis wird heute nur noch wenig davon erleb- und spürbar, daß der Besucher der St.Georgskirche sich früher kontinuierlich über Gräbern in der Kirche hinweg bewegte.

Die Gestalt Emmeram Wagers auf seiner Grabplatte steht für die zahlreichen namentlich bekannten und auch unbekannten Pfarrer, Pfarrhelfer und Kapläne, die in vorreformatorischer Zeit an St. Georg und seinen 20 Altären wirkten und das geistliche Leben dieses Kirchengebäudes und der Stadt prägten. Nach reformatorischem Verständnis ist es aber durchaus legitim, auch die im Gefolge der Reformation bis zur Gegenwart an St. Georg wirkenden Diakone, Superintendenten, Dekane, Pfarrerinnen und Pfarrer sowie Vikarinnen und Vikare in dieser Linie zu sehen und ihres Wirkens vor Gott zu gedenken. Verkündigung und Sakramentsverwaltung in St. Georg geschehen in einer langen Kontinuität. Eine Kette von Zeugen gibt das Wort Gottes und die Sakramente weiter. Dies ist Entlastung und Verpflichtung zugleich.

Emmeram Wager wird auf seiner Grabplatte als Priester mit dem Kelch in Händen dargestellt. So lädt er die Vorübergehenden dazu ein, Fürbitte für die Verstorbenen vor Gott zu tun. Das Wissen um die priesterliche Dimension des geistlichen Amtes ist in Nördlingen aber auch nach der Reformation nicht verloren gegangen. Exemplarisch wird dies an einem Trauergedicht für den 1769 in Nördlingen verstorbenen Superintendenten Johann Christoph Majer deutlich. »Verherrlichet auf Zions Höhe, verherrlicht auch im Bund der Ehe, standst du in

Gottes Heiligthum! Die ganze Last von Menschentagen, bis hin zum höchsten Alter tragen, im Ehstand und im Priesterthum; das that die Gnade ganz, die dich im Jubelkranz zweifach schmücket«, heißt es in dem gedruckten Trauergedicht. »Zum Heyland Seelen hinzuweisen, die Kraft des Mittlerbluts zu preisen, und zu verkündgen all sein Thun; dies war Sein Leben, Sein Geschäfte ...«, wird in blumiger barocker Sprache die Aufgabe des an St. Georg tätigen Superintendenten in dem von den zum damaligen Nördlinger Kirchenwesen gehörigen Pfarrern verfassten und bei der Bestattung auf dem Friedhof bei St. Emmeram dargebrachten Trauergedicht beschrieben.

Das Lutherbildnis des Hieronymus Wehinger

Im Besitz der Nördlinger Kirchengemeinde befindet sich ein Lutherbildnis des Nördlinger Malers Hieronymus Wehinger aus dem Jahre 1609. Es gelangte 1819 als Geschenk des Nördlinger Stadtschreibers Johann Adam Schreiber in den Besitz der St. Georgskirche und wurde 1995 im Auftrag des Kirchenvorstandes durch Restaurator Matthias Schwenkenbecher einer grundlegenden Konservierung und Restaurierung unterzogen.

Hieronymus Wehingers Ölgemälde auf Leinwand im Format 68 x 54 cm zeigt den Typus des sogenannten »alten Luthers« in seinem Todesjahr 1546 und trägt die Aufschrift »Doctor Martinus Luther seines alters 63 Jar«. Luther in der Schaube, dem Gelehrtengewand des 16. Jahrhunderts, darunter dem für ihn typischen Hemd mit dem bunten Abschluß am Hals, umgreift mit seinen beiden mächtigen Händen eine kleinformatige, geschlossene Bibelausgabe und blickt nach links entschlossen und zugleich nachsinnend in die Ferne – ein »Mann in der behäbigen Fülle des Alters mit einem breiten Bauerngesichte, auffallend gut entwickelten Kinnbacken, merkwürdig vollem Lockenhaar, kleinen, sanft blickenden Augen und im ganzen etwas schwammigen Zügen«, wie Heinrich Böhmer diesen Luther-Typus charakterisierte. Über seinem gelockten Haar erscheint eine lateinische Inschrift: »PESTIS ERAM VIVUS, MORIENS ERO MORS TUA PAPA« – ein beliebtes antipäpstliches Lutherwort, das der Reformator 1530 in Altenburg im Hause Georg Spalatins im Blick auf den beendeten Reichstag zu Augsburg gesprochen haben soll und das seit dem Tod Luthers ein beliebtes Zitat auf Lutherbildnissen des 16. und 17. Jahrhunderts darstellt: »Lebend war ich Dir wie die Pest, und sterbend werde ich Dein Tod sein, o Papst!«

Hieronymus Wehinger, der aus Ansbach stammende »Maler in der Judengasse«, wie ihn die Spitalrechnung nennt und der 1578 den Altar der Nördlinger Spitalkirche malte, erhielt 1572 das Nördlinger Bürgerrecht und starb 1613 in Nördlingen. Sein auf der Vorderseite signiertes und datiertes Nördlinger Lutherbildnis geht bis ins Detail auf einen 1546 publizierten Holzschnitt aus der Werkstätte Lukas Cranachs d.Ä.

PESTIS ERAM VIVVS, MORIENS ERO MORS TVA PAPA

Doctor Martinus Luther.

seines alters. 63 Jar.

Abb. 22
Nördlinger Luther-
bildnis, 1609.
Foto: Klaus Raschzok

zurück und dürfte 1609 im Auftrag einer Nördlinger Bürgerfamilie
entstanden sein. Es reiht sich damit in die zahlreichen, nach Vorlagen
der Wittenberger Cranach-Werkstätte in Deutschland im ausgehenden
16. und frühen 17. Jahrhundert entstandenen Lutherbildnisse ein.

Martin Luther tritt uns mit der Bibel in der Hand als das Ideal des
»deutschen Hausvaters« entgegen. Fest an das biblische Wort gebunden, blickt er in aufrechter Haltung in die Ferne und trotzt damit allen
Angriffen des Papsttums. In dieser Rolle hat Martin Luthers Bild jahr-
hundertelang bis in unsere Zeit Generationen evangelischer Christen
geprägt und ihre Identität in strenger Abgrenzung zum Katholizismus
bestimmt. Im gewissen Sinne ist Martin Luther damit in seinen Bild-

nissen, die Kirchen wie Gemeindehäuser und Privatwohnungen zierten, zum neuen protestantischen »Heiligen« geworden.

Wir evangelischen Zeitgenossen des ausgehenden 20. Jahrhunderts haben nicht mehr dieses ungebrochene Verhältnis zu Martin Luther als dem Urbild einer deutschen Frömmigkeit und können auch angesichts der im Gegenüber zur römisch-katholischen Kirche erzielten Annäherungen und Verständigungen eine antipäpstliche Losung wie die auf Hieronymus Wehingers Nördlinger Luther-Gemälde nicht mehr so ohne weiteres nachvollziehen. Das jährlich am Reformationsfest erfolgende Gedenken Martin Luthers stellt für mich die Chance einer jeweils neuen, von jeder Generation zu vollziehenden Auseinandersetzung mit der Person des Reformators und Annäherung an sie dar. Das Luther-Gedenken ist uns behilflich, unsere eigene evangelische Identität in positiver Weise zu entdecken und zu schätzen. Ich setze darauf, daß wir in Martin Luther und seinem Werk so viele Gemeinsamkeiten und verbindende Anliegen mit unserer römisch-katholischen Schwesterkirche entdecken, daß dieses Luther-Gedenken kontinuierlich einer weiteren Annäherung der beiden großen Konfessionen und dem Abbau der Schranken dient. Gerade die lateinische Inschrift des Nördlinger Lutherbildnisses sollte dazu Ansporn und Auftrag sein.

Daß Hieronymus Wehingers Bildnis von 1609 uns den »alten Luther« in seinem Todesjahr zeigt, ist ein Hinweis, Luthers Frömmigkeit und Werk von seinem Sterben her zu verstehen und zu deuten. Zwei Tage vor seinem Tod, am 16. Februar 1546, notiert Luther auf dem Sterbebett auf einem Zettel sein Vermächtnis: »Die Heilige Schrift meine niemand genugsam geschmeckt zu haben, er habe denn hundert Jahre lang mit Propheten wie Elias und Elisa, Johannes dem Täufer, Christus und den Aposteln die Gemeinden regiert. Versuche nicht diese göttliche Aeneis, sondern neige dich tief anbetend vor ihren Spuren! Wir sind Bettler. Das ist wahr.«

Lutherbilder aus Nördlinger Besitz

Unser Eindruck, von Luther ein umfassendes und authentisches Bild zu besitzen, basiert auf einer einzigen und sehr subjektiven Bildquelle. Luthers Bildnis ist in seiner Vielfalt lediglich ein von Lukas Cranach und seiner Werkstätte vermitteltes. Auch politische Interessen – so die These Martin Warnkes von 1984, die bereits Anfang des Jahrhunderts von Johannes Ficker geäußert wurde – spielen in der Bildnisgestaltung eine wichtige Rolle: Die entscheidenden frühen Lutherbildnisse stellen sämtlich Auftragsarbeiten des Wittenberger Hofes dar und wurden als politisches Bildprogramm von Cranach und seiner Werkstätte unter Vermittlung Georg Spalatins entwickelt. »Wie Martin Luther aussah, wissen wir heute nur durch die Brille Cranachs. Seine nicht mehr erhaltenen authentischen Studien bildeten die Quelle verschiedener Grundtypen, die in langen, mehrfach sich selbst kopierenden Serien ausformuliert wurden und ganz Europa mit dem Bild des Reformators versorgten.« (Ernst Rebel) Insgesamt können sechs Grundtypen bzw. Entwicklungsstufen des Lutherbildnisses bei Lukas Cranach unterschieden werden, die nicht nur von Cranach, sondern auch von anderen Künstlern ständig wiederholt und variiert wurden: Luther als Mönch (1520), Luther mit dem Doktorhut (1521), Luther als Junker Jörg (1522), Luther als Ehemann (1525), Luther im 50. Lebensjahr (1533) und Luther im 63.Lebensjahr (1546).

Die ausgewählten und hier vorgestellten sieben Nördlinger Lutherbilder vom 16. bis zum 20. Jahrhundert sind scheinbar zufällig zusammengetragen und stellen doch einen typischer Querschnitt dar. Sie stammen aus dem Besitz der Kirchengemeinde, aus dem Nördlinger Stadtmuseum sowie aus Privatbesitz und machen deutlich, wie Lutherbilder sich vom ausgehenden 16. Jahrhundert an als »Serienware« im Umlauf befanden und ihre prägende und identitätsstiftende Funktion auf viele Generationen evangelischer Christen ausübten.

Das früheste Nördlinger Beispiel, »Die göttliche Mühle«, stammt von 1521. Es handelt sich um das Titelblatt einer Reformationsflugschrift aus dem Bestand der Nördlinger Kirchenbibliothek. Die in der

Schweiz erschienene Flugschrift entwirft ein volkstümliches Bild Luthers und stellt eine Verbindung von Luther und Erasmus von Rotterdam in einer symbolischen Bildgestaltung dar. Erasmus hat das Mehl gemahlen, welches das Brot des Lebens geben wird, d.h. die evangelische Verkündigung. Durch seine Schriften hat er den Weg zu einem wahren Verständnis der Heiligen Schrift gebahnt. Er erscheint als »Müllerknecht« im Dienst der Heiligen Schrift. Luther hat dem Brunnen des Evangeliums das Wasser entnommen, das er dem Mehl beifügt. So wird das Brot Gottes, d.h. das Evangelium, gebacken. Luther wird gelobt, insofern er dem Laien Karsthans den Zugang zur Schrift ermöglicht hat. Die bildliche Darstellung des Mönches Martin Luther ist dem 1519 in Leipzig publizierten ersten Bildnis Luthers, einem Holzschnitt auf dem Titel einer gedruckten Predigt, in der Zeit der Leipziger Disputation in der dortigen Schloßkirche 1518 gehalten, verwandt und zeigt nur geringe individuelle Züge. Luther wird als Mönch mit Tonsur und Kutte charakterisiert und ist lediglich durch die erklärende Beischrift zu identifizieren. Eine »Porträtähnlichkeit« im Sinne der Cranachschen Bildnisse liegt noch nicht vor.

Im Nördlinger Stadtmuseum befindet sich ein um 1525 entstandenes kleines Rundbildnis Martin Luthers aus der Werkstätte des Lukas Cranach vom Typus »Luther als Ehemann«. Häufig begegnet es zusammen mit dem Bildnis der Katharina von Bora als Porträtpaar und ist aus Anlaß der Hochzeit Luthers 1525 entstanden. Die nachgewiesene stattliche Anzahl von Fassungen, auch als Rundbilder, weist auf eine Serienproduktion der Cranach-Werkstätte mit Hilfe von Vorlagen hin, deren Konturen auf den Gemäldegrund übertragen wurden. Es bestand wohl große Nachfrage nach den Doppelbildnissen des Ehepaares Luther aus den Jahren 1525-1528, die die Darstellung einer idealen Ehegemeinschaft boten. Luthers Bild als Ehemann lag wohl schon vor, da die Bildausschnitte nicht ganz aufeinander abgestimmt sind. Luther wird in Büstenform, voll gesammelten Ernstes, im Gelehrtentalar gezeigt. Die Schmucklosigkeit der Bilder und die dunkle Kleidung bringen die Wirkung der Dargestellten nur durch ihr Gesicht zur Geltung. Das runde kleine Lutherporträt gelangte als Vermächtnis des 1897 verstorbenen Nördlinger Verlegers und Mäzens Ernst Rohmer in das Nördlinger

Das hond zwen sch-
weytzer bauren gemacht. Fürwar
sy hond es wol betracht.

Abb. 23a
Die göttliche Mühle,
Flugschrift 1521,
Kirchenbibliothek
Nördlingen.
Foto: Klaus Raschzok

Stadtmuseum und dürfte von seinem Stifter wohl als Einzelbildnis aus
dem Kunsthandel erworben worden sein.

Ein implizites Lutherbildnis findet sich auf einer der kleinformati-
gen Tafeln des jetzt im Stadtmuseum Nördlingen befindlichen sogenannten Kleinen Altars der St.Georgskirche Nördlingen von Jesse
Herlin und Valentin Salomo aus dem Jahre 1568 mit der Darstellung
der Aussendung der Jünger. Gewänder und Gesichter der Jünger erinnern an bürgerliche Kleidung des 16. Jahrhunderts. Der Auferstandene
mit der Siegesfahne, der Seitenwunde und den Nägelmalen steht zu-

Abb. 23b
Lukas Cranach, Martin
Luther, um 1525, Stadt-
museum Nördlingen.
Foto: Fritz Steinmeier

sammen mit seinen Jüngern in einem profanen Raum. Die männliche
Figur rechts hinter Christus und unter dessen wehender Fahne, ist in
ein rotes, schaubenförmiges Gewand gekleidet und erinnert an die Gesichtszüge des »alten Luthers« auf Cranachs Gemälden nach 1546.
Jesse Herlin und Valentin Salomo übernehmen damit aus der Praxis
der Cranach-Werkstätte ein typisches Gestaltungselement reformato-
rischer Altarretabeln: Die Jünger Christi treten der Gemeinde in Gestalt der Reformatoren gegenüber.

In große Nähe zu diesem impliziten Lutherblidnis ist ein aus dem
Besitz der Kirchengemeinde stammendes, heute in der Sakristei der
St. Georgskirche befindliches und wohl auf das letzte Drittel des
16. Jahrhunderts zu datierendes Luthergemälde in Öl auf Leinwand
mit dem Text »D. MARTINVS LVTHERVS VON EYSLEBEN« und
dem Zitat »PESTIS ERAM VIVVS, MORIENS ERO MORS TVA
PAPA« zu rücken. Luther wird darauf in der Schaube mit weißem
Kragen und rotem Band dargestellt. Sein Blick geht nach links. Die
grauen Haare korrespondieren einem äußerst lebendig dargestellten
Gesicht mit wachen Augen. Die lateinische Inschrift enthält dasselbe

Abb. 23c *Jesse Herlin/ValentinSalomo, Sogenannter kleiner Altar der
St. Georgskirche, 1568, Tafel »Aussendung der Jünger«.*   Foto: Foto-Finck

antipäpstliche Luthervorwort, das später auch das Lutherbildnis von
Hieronymus Wehinger ziert: »Lebend war ich Dir wie die Pest, und
sterbend werde ich Dein Tod sein, o Papst!«. Es ist nicht auszu-
schließen, daß Jesse Herlin der Künstler dieses Lutherbildes ist.

Ⅰn ein Nördlinger Bürgerhaus des frühen 19. Jahrhunderts führt uns
eine Lackdose mit dem Bildnis Martin Luthers auf der Schauseite des

Deckels. Die Dose ist 19 mm hoch; ihr Durchmesser beträgt 93 mm. Das Deckelmotiv dieser flachen, aus Papiermachee gefertigten und mit mehreren schwarzen Lackschichten überzogenen Dose geht auf eine Vorlage der Cranach-Werkstätte zurück und ist mit Lackfarben gemalt. Die Bemalung erfolgte durch von den Fabriken angestellte Künstler. Lackdosen dienten in den Bürgerhäusern des 19. Jahrhunderts verschiedenen Zwecken, vor allem zur Aufbewahrung von Schmuck oder als Schnupftabakdose. Bedeutendster Hersteller war die Braunschweiger Lackdosenfabrik des Johann Heinrich Stobwasser. Die Nördlinger Lackdose mit dem Porträt Luthers nach einer beliebten Cranach-Vorlage vom Typus »Luther im 50. Lebensjahr« wurde der mündlichen Überlieferung nach von einer Mutter dem Sohn geschenkt, als dieser sich im noch streng protestantischen Nördlingen mit einer Katholikin verehelicht hatte. Seit 1532 hatte Cranach Luther sitzend mit schwarzer Schaube im Dreiviertel-Profil gemalt und damit das ikonografische Muster evangelischer Pfarrerbildnisse zur Verfügung gestellt.

In das Reformationsjubeljahr 1817 führt das Blatt »Die ersten Glaubens=Helden der Reformation«, eine lavierte Bleistiftzeichnung des Nördlinger Malers Johannes Müller, die sich im Besitz der Kirchengemeinde Nördlingen befindet. Luther wird im Redegestus dargestellt, Justus Jonas dahinter mit einem weiteren reformatorischen Dokument, Philipp Melanchthon mit dem aufgeschlagenen Text der Apologie in der rechten Hand, die linke auf ein Schreibpult gestützt, Georg Spalatin im Hintergrund. Die vier »Glaubenshelden« Luther, Melanchthon, Jonas und Spalatin stehen in Torgau vor dem Kurfürsten und übergeben Johannes I. und seinem Erbprinzen Johann Friedrich von Sachsen die Apologie. Über Luther erscheint in einer Rundbogennische die Lutherrose, über Melanchthon das Kreuz mit der Schlange als Wappenschild.

Für die zahlreichen Luther-Drucke des ausgehenden 19. und des frühen 20. Jahrhunderts, die in Kirchen, Gemeinde- und Schulhäusern und in Privaträumen hingen, steht eine Chromolithographie des späten 19. bzw. frühen 20. Jahrhunderts, die sich im Besitz der Kirchengemeinde befindet. Martin Luther ist nach einer Vorlage Cranachs im

Abb. 23d
Martin Luther, Ende
16. Jahrhundert.
Foto: Klaus Raschzok

Abb. 23e
Lackdose mit Bildnis
Martin Luthers, frühes
19. Jahrhundert.
Foto: Klaus Raschzok

111

Abb. 23f Johannes Müller, Die ersten Glaubens=Helden der Reformation, 1817.

Foto: Klaus Raschzok

Abb. 23g
Martin Luther,
Chromolithographie
nach Cranach 1544,
frühes 20. Jahrhun-
dert.
Foto: Klaus Raschzok

Halbbildnis mit einer Bibel in den Händen wiedergegeben. Im Rahmen unten wird ganz bewußt im Druck das Jahr 1544 zusammen mit
der Signatur Lukas Cranachs reproduziert.

Die sieben scheinbar zufällig zusammengetragenen Lutherbilder
aus Nördlinger Besitz sind so zugleich repräsentativ und veranschauli-
chen die prägende Funktion des Lutherbildnisses für die protestantische Identität. Ein vertrautes Bildnis, in Massenproduktion verbreitet,
leistet seinen spezifischen Beitrag zur konfessionellen Identität und hat
Generationen evangelischer Christen geprägt. Die Bildnisgeschichte
Martin Luthers bleibt untrennbar mit seiner Wirkungsgeschichte verbunden. Lutherbildnisse haben in der volkstümlichen Luthervereh-

113

rung entscheidend und wohl wesentlich mehr als Luthers Schriften dazu beigetragen, daß aus dem Reformator ein »Protestantischer Heiliger« und »Nationalheld« werden konnte.

Der gekreuzigte Christus aus der Spitalkirche

Fast einhundert Jahre älter als die Bilder und die Architektur des Nördlinger Spitalkirchenaltares von Hieronymus Wehinger ist der aus Holz geschnitzte spätgotische gekreuzigte Christus, der sich an einem schlichten Holzkreuz über dem Altaraufbau von 1578 erhebt. Er stammt aus der Zeit um 1450 und wurde von einem uns unbekannten Bildschnitzer gestaltet.

Sein ursprünglicher Ort befand sich jedoch nicht über dem Altaraufbau. Wahrscheinlich hing der Gekreuzigte unterhalb des Chorbogens der Spitalkirche und markierte deutlich die Trennung zwischen Kirchenschiff und Chorraum, zwischen dem Ort der Laien und dem Ort der Priester, die hier in der Spitalkirche und am Spital wirkten. Der Gekreuzigte war so ganz deutlich der Gemeinde zugewendet und diente ihr als Blickpunkt im Kirchenraum. Heute dagegen ist der Gekreuzigte etwas in den Altarraum zurückgerückt.

Christus wird mit weit ausgebreiteten Armen an das Kreuz genagelt. Das Lendentuch ist in eleganter Bewegung um den nackten Leib geschlungen. Die Dornenkrone lastet auf dem nach rechts geneigten Haupt. Die Augen sind im Tod geschlossen. Aber es ist nicht mehr der schmerzverzerrte, zusammengekrümmte Kruzifixus des 14. Jahrhunderts. Hier in der Spitalkirche begegnet uns der sanft duldende Typ des gekreuzigten Christus, wie er im 15. Jahrhundert immer wieder dargestellt wird. Der Christus, der die ganze Welt in seinem hingebungsvollen Sterben trägt und der am Kreuz erduldet. Der das sich auflädt und trägt, was er selbst nicht verschuldet hat.

Seine Gesichtszüge sind vom Bildhauer hoheitsvoll erduldend und fein herausgearbeitet. In der Würde werden das Leiden und der Tod ohne Abstriche, aber doch sanft gezeigt. In allem Schmerz liegt eine tiefe Eleganz und Bewegung, auch in der Art der leicht abgewinkelten Beine. Der Brustkorb ist deutlich hervorgehoben. Die Adern an den Beinen sind sichtbar. Trotz allem Leiden und Tod ist es ein hoheitsvolles und sanftes Erdulden.

Für den spätmittelalterlichen Menschen verbildlichte sich in diesem Typus des gekreuzigten Christus ein altes, aus Psalmmotiven zusammengefügtes Gleichnis: Das Kreuz bildet die Harfe, an die Christus als Saite gespannt ist. Cassiodor, der Mönchsvater, schreibt bereits um das Jahr 550 nach Christus: »Die Harfe bedeutet die glorreiche Passion, die mit angespannten Sehnen und gezählten Gebeinen wie in einem geistlichen Lied sein schweres Leid ertönen ließ.«

Noch anschaulicher formulieren die Mystiker dieses Gleichnis vom Kreuz als Harfe. Bei Heinrich von Neustadt heißt es um 1320:

»Man legte in uf das cruce nider:
Da worden sine reinen glider
Und sin geeder (Geäder) uf gezogen
Als die senewe (Sehne) uf den bogen.«

Das Harfen- und Bogengleichnis führt in letzter Konsequenz der künstlerischen Gestaltung zur Überdehnung der Glieder des Gekreuzigten und zur Wiedergabe höchster Anspannung in der Darstellung, wie es im Hochaltar der St. Georgskirche beim gekreuzigten Christus des Nikolaus Gerhart von Leiden zu beobachten ist. Der gekreuzigte Christus aus der Spitalkirche markiert noch einen Schritt vor dieser Entwicklung. Eine fast sanfte Passionsmusik wird dem Betrachter mit dem Körper des gekreuzigten Christus sinnenfällig vor Augen gestellt.

Und noch ein Detail: Auf der rechten Hälfte des Brustkorbes des Gekreuzigten findet sich eine kleine rechteckige Öffnung in den hölzernen Korpus eingearbeitet und wieder sorgfältig verschlossen: Ein Aufbewahrungsort für Reliquien. Die mittelalterliche Frömmigkeit pflegte auch im Körper des Gekreuzigten Reliquien zu verwahren. Wahrscheinlich war das Nördlinger Spital Besitzer einer der wertvollen Reliquien des Heiligen Kreuzes, eines kleinen Splitters vom Kreuz Christi auf Golgatha. Zusammen mit dem Gekreuzigten wurde sie den Glaubenden zur Anbetung unterhalb des Chorbogens präsentiert und machte in besonderer Weise die Gegenwart Christi in diesem Kirchenraum deutlich und spürbar.

Abb. 24 Gekreuzigter Christus aus der Spitalkirche, um 1450. Foto: Wolfgang Bouillon

Der Gekreuzigte aus der Nördlinger Spitalkirche lädt ein, sich in die Züge seines Gesichtes zu versenken und eine stille Zwiesprache mit ihm zu halten. Wer sich dem Gekreuzigten so nähert, ahnt etwas von der Macht dieser Darstellung, die fünf Jahrhunderte lang den Bürgerinnen und Bürgern Nördlingens von der Kraft erzählt hat, die vom Leiden und Sterben des Herrn ausgeht. Eine stille und heilige Passionsmusik – auch für unser Leben.

Die Weihnachtsdarstellung aus dem Altar der Spitalkirche

Der 1578 vom Nördlinger Maler Hieronymus Wehinger gestaltete Altaraufbau der Nördlinger Spitalkirche stellt eine Weiterentwicklung des frühesten Typus eines protestantischen Altaraufsatzes dar, wie er erstmals 1537 in der Spitalkirche in Dinkelsbühl begegnet. Es handelt sich in Nördlingen um einen dreiteiligen Aufsatz mit Halbsäulen und Malereien auf der Vorder- und Rückseite. Auf der Vorderseite begegnen die Geburt Christi, das Abendmahl, die Kreuzigung und die Auferstehung. Auf der Rückseite sind die Wappen des Bürgermeisters Johann Reuter, der Spitalpfleger Melchior Welsch und Georg Victor Vogelmann sowie des Spitalmeisters Sebastian Lemp aufgemalt. Der gesamte Altaraufsatz mißt nur 1,76 mal 1,33 Meter, und seine einzelnen Bilder und Texte sind für die Gemeinde vom Kirchenschiff aus nicht mit bloßem Auge zu erkennen. Sie erschließen sich nur dem, der unmittelbar vor dem Altaraufsatz steht, um das Heilige Abendmahl zu empfangen oder die Gebete im Gottesdienst zu sprechen.

Es sind volkstümliche Malereien, die die Hauptereignisse der biblischen Heilsgeschichte ausgestalten und jeweils biblischen Zitaten in den Bogenfeldern und Architraven über den Bildflächen zuordnen. Bei der Weihnachtsdarstellung hat Hieronymus Wehinger die im Bild sichtbaren Säulenfragmente der Geburtsstätte Jesu in die Säulen-Architektur des Altaraufsatzes eingebunden. Links am Bildrand wird eine der marmorierten Säulen des Aufsatzes wiederholt, jedoch bewußt als Andeutung einer Ruinenarchitektur. Der Bildraum ist bühnenartig gestaffelt. Ein städtisch wirkendes Gebäude in klaren und klassischen Formen erscheint links im Hintergrund, davor eine Quadermauer und vor ihr ein mit zwei Rundbogenfenstern angedeutetes Kirchengebäude, das durch herausgebrochene Steinquader rechts unterhalb der Fensteröffnung nochmals als Ruine charakterisiert ist. Rechts gibt ein Fensterausschnitt den Blick auf die Landschaft frei. In ihr sind drei perspektivisch verkleinerte Hirten mit ihren Schafen zu sehen. Ein Engel in leuchtend rotem Gewand schwebt aus einer Wolke auf sie herab und hält in seinen ausgebreiteten Armen ein vom

Wind aufgeblähtes Spruchband mit der Aufschrift »Gloria in excelsis Deo« über sich. Den Engel umgibt ein Lichtkranz, der seine Strahlen auf die mit andächtig erhobenen Händen gestalteten Hirten herabsenkt.

Das Bildfeld mit der Darstellung der Geburt Jesu wird von zwei Schriftzitaten bekrönt. »Siehe, ich verkündige euch große Freude, die allem Volk widerfahren wird, denn euch ist heute der Heiland geboren, welcher ist Christus, der Herr, in der Stadt Davids« (Lukas 2, 10-11) ist über die Bogenlaibung gesetzt, und im Architrav findet sich das »Siehe, eine Jungfrau ist schwanger und wird einen Sohn gebären den wird sie heißen Imanuel« (Jesaja 7,14) aus dem Propheten Jesaja aufgemalt.

In der Bogenlaibung über dem Bildfeld mit der Geburt Jesu erscheint die Gestalt Gottvaters mit wallendem, vom Wind aufgeblähten roten Mantel, Krone und Weltenkugel, aus einer dunklen Wolke herabblickend, die sich rechts unten über den Hirten fortsetzt und die Verbindung zwischen himmlischer und irdischer Welt herstellt, die sich mit der Geburt Christi vollzieht.

Im Bildvordergrund links, zwischen den beiden Säulen des ruinenartigen Kirchenraumes sitzt Maria und wendet sich beschützend dem Kind mit betend erhobenen Händen zu. Das Kind liegt auf einer über einen Strohballen gebreiteten Windel, dahinter treten Ochs und Esel hervor. Rechts daneben stehend, aber zugleich in ehrfurchtsvoller Beugung Josef mit einem leuchtend roten Übermantel. Ein dreieckiger Strahlenkranz als Hinweis auf die Trinität liegt um den Kopf des Kindes. Maria und Josef dagegen werden nur mit einem zurückhaltend gemalten goldenen Nimbus über ihren Köpfen gekennzeichnet. Der Jesusknabe mit den nahezu erwachsenen Proportionen und dem runden, kindlich-haarlosen Kopf hat seine rechte Hand spielerisch-segnend erhoben. Josef ist als alter Mann mit grauem Bart und kahler Stirn dargestellt, auf den Stab mit seiner linken Hand gestützt, die rechte unbeholfen über Esel und Kind erhoben, ebenfalls behutsam-besorgt auf das Kind blickend.

Abb. 25 Weihnachtsdarstellung aus dem Altar der Spitalkirche, 1578.

Foto: Wolfgang Bouillon

LVCA Sihe ich verkündige euch groſe freude, die allem volck widerfaren wird, Er iſt
euch iſt heüt der heiland geboren, welcher iſt chro der herr, in der ſtadt Dauid

Sihe ein Jungfraw iſt ſchwäg. Vnd würd einen ſohn gebern, Den würd ſie heiſſen Imanuel · ESAIÆ ·

GLORIA IN EXELCIS DEO

Auf dem Boden des Geburtsortes sind an verschiedenen Stellen Ähren sichtbar. Sie sind Hinweis auf das Brot des Lebens, das hier seinen Ausgang nimmt und auch am Altar der Spitalkirche in der Feier des Heiligen Abendmahls bis heute an die Gemeinde ausgeteilt wird.

Die Differenz zwischen der klaren Architekturdarstellung im Bild und in der Rahmung sowie den exakt aufgemalten biblischen Schriftzitaten im Gegenüber zu den eher unbeholfenen Proportionen in der Darstellung der Figuren fällt ins Auge. Es handelt sich um volkstümliche Malerei und keine überragende künstlerische Leistung. Vielmehr liegt mit dem ganzen Altaraufsatz im Sinne der neu entwickelten protestantischen Frömmigkeit ein Gesamtprogramm vor, das in didaktischer Abzweckung grundlegende biblische Schriftzitate mit bildhaften Darstellungen zu einer umfassenden Heilsgeschichtskonzeption verbindet und dem Betrachter als Sinnzusammenhang vor Augen stellt.

Die Spitalrechnung des Jahres 1578 nennt »Hieronymus, den Maler in der Judengasse« als Künstler des Altaraufsatzes. Hieronymus Wehinger erhielt am 10. November 1572 durch seine Heirat mit Margaretha, der Witwe des Schlossers Caspar Keuffel, das Nördlinger Bürgerrecht und entstammt wohl einer fränkischen Malersfamilie aus Ansbach oder Dinkelsbühl. Der Spitalaltar war der erste größere Auftrag der Stadt an Wehinger. 1578 malt er das Epitaph des 1576 verstorbenen Metzgers und Zunftmeisters Sixt Rehlin mit der Erweckung des Lazarus sowie 1586 die Wappenscheibe der Trinkstubengesellschaft. 1589 verläßt Wehinger Nördlingen, um in Österreich einige größere Aufträge im Bereich der Ausmalungen von Kirchen auszuführen. 1592 erhält Wehinger den Auftrag der Stadt Nördlingen, den neugestalteten südlichen Rathausteil durch ein Wandgemälde auszuschmücken, und beginnt 1594 mit den Arbeiten an der Südseite des Rathauses. Wehinger hat sich darin wohl als ein Künstler erwiesen, der vor allem große Flächen zu meistern verstand. Insgesamt erscheint Hieronymus Wehinger in den vorhandenen Archivalien als ein Maler mit einer Neigung zum Originellen und fast Kuriosen. Seine persönliche Lebensgeschichte ist tragisch und wird von Trägheit, Trunksucht und unglücklichen Familienverhältnissen bestimmt. Er stirbt im März 1613 in Nördlingen.

Sein Weihnachtsbild aus dem Altar der Spitalkirche ist ein volkstümlicher, fast unbeholfen wirkender Versuch, die Geburt Jesu in die Städtearchitektur der Renaissance hereinzuholen. Maria und Josef begegnen ganz anders als auf den spätmittelalterlichen Altären nicht als Heilige, sondern als zwei gewöhnliche Bürger ihrer Zeit, die nur noch behutsam durch den angedeuteten Nimbus herausgehoben sind. Die vollständige Bildwirkung und Bilddeutung entfaltet sich erst aus dem Gegenüber von Schriftzitaten und Bild sowie aus der in der Bogenlaibung dargestellten Person Gottvaters heraus. Die Weihnachtsdarstellung stellt kein selbständiges Bild mehr dar, sondern es bedarf der zugeordneten Schriftzitate zu ihrer vollständigen Wirkung. Die Geburt Christi vollzieht sich unter alltäglichen Verhältnissen, in einer Kirchenruine, und steht doch in geheimnisvoller Weise mit dem in der Schrift enthaltenen Ratschluß Gottes für die Menschen und ihrem Heil in Verbindung.

Das Weihnachtsbild aus dem Spitalkirchenaltar ist als Zeugnis einer bürgerlich-volkstümlichen, mehr handwerklichen Malerkunst zu verstehen. Die Zeit der großen Meister ist in Nördlingen vorüber. Ein großer qualitativer Abstand besteht vor allem zum Weihnachtsbild des Friedrich Herlin vom ehemaligen Hochaltar der St. Georgskirche aus dem Jahre 1462. Der Spitalkirchenaltar zeigt den Versuch, die neue protestantische, schriftbezogene Frömmigkeit umzusetzen. Maria ist nun nicht mehr die anmutige Jungfrau und Himmelskönigin, sondern eher die Bürgersfrau, die mit beiden Füßen auf dem Boden steht und aus dem alltäglichen Leben heraus in die Rolle der Mutter des Erlösers versetzt wird.

Liebevoll wird so von Hieronymus Wehinger im Weihnachtsbild des Spitalkirchenaltars der Betrachter aufgefordert, das hier angedeutete im Herzen ganz persönlich nachzubilden und mit den Worten Paul Gerhardts von 1653 nachzusprechen: »Eins aber, hoff ich, wirst du mir, mein Heiland, nicht versagen: daß ich dich möge für und für in, bei und an mir tragen. So laß mich doch dein Kripplein sein; komm, komm und lege bei mir ein dich und all deine Freuden.« (EG 37, 9)

Daten zur Bau- und Ausstattungsgeschichte der St.Georgskirche und der Spitalkirche Nördlingen

St. Georgskirche:

1427 Beschluß des Rates der Freien Reichsstadt Nördlingen, anstelle der alten, zu klein gewordenen St. Georgskirche ausschließlich aus Mitteln der Bürgerschaft einen größeren Neubau zu errichten und Baubeginn.

1427-1440 Hans Kuhn, Kirchenbaumeister von Ulm, ist entwerfend und planend für den Bau der St.Georgskirche tätig.

1427-1439 Hans Felber d.Ä. wirkt von Ulm aus als Gutachter für den Bau von St. Georg.

1429-1438 Konrad Heinzelmann von Ulm leitet den Kirchenbau.

1442/44-1462 Nikolaus Eseler von Alzey in der Rheinpfalz ist an St.Georg als Kirchenbaumeister tätig.

um 1450 Errichtung der von Bürgermeister Narziß Lauinger gestifteten Lauingerkapelle als Gruftkapelle.

1451 Vollendung des Chores, Hochaltarweihe sowie Baubeginn von Langhaus und Turm.

1451 Stadtwappen (Adler) im Hauptfenster des Chores vom Glaser und Maler Peter Acker.

1453 Abbruch der alten St. Georgskirche und Auflassung des bisherigen Gottesackers um St.Georg.

1454 Baubeginn des Turmes.

1455 Fertigstellung der Einglasung an den Maßwerkfenstern des Chores.

1461 Conrad Roritzer, der Regensburger Dombaumeister, liefert einen neuen Plan sowie ein Modell für den Turm.

1462-1464 Hans Zenkel von Regensburg ist Kirchenbaumeister.

1462 Stiftung des Hochaltars durch die Familie Fuchshart. Figuren von Nikolaus Gerhart von Leiden, Altargemälde von Friedrich Herlin und seinem Mitarbeiter Friedrich Walther (Altarrückwand).

1464-1480 Wilhelm Kreglinger von Würzburg ist Kirchenbaumeister an St. Georg.

um 1470 Holzfiguren auf den Zierpfeilern vor der Lauingerkapelle (Heilige Afra, Maria mit dem Kind, Bischof Narzissus).

ab 1472 wird Moritz Ensinger von Ulm beratend und gutachterlich für den Kirchenbau tätig.

um 1480 Chorgestühl vom Nördlinger Kunstschreiner Hans Tauberschmid.

1481-1494 Heinrich Kugler, genannt Echser leitet den Kirchenbau.

1490 Turmvollendung

1492 Taufstein

1495 Stephan Weyrer von Burghausen wird Kirchenbaumeister.

1495-1505 Einwölbung des Kirchenraumes und Finanzierung durch die Armbrust- und Büchsenschützen sowie die Zünfte, an die die Wappensteine im Gewölbe erinnern.

1497 Figürliche Chorschlußgewölbemalereien von Sebald Bopp.

1499 Kanzel mit Figuren eines unbekanntem Augsburger Meister errichtet.

1507/08 Vollendung der steinernen Westempore.

1507 Figürlicher Schmuck der Westempore durch Bildhauer Paul Ypser (Maria Magdalena, Kreuztragung, Heiliger Georg).

1508 Belegung des Kirchenbodens mit Steinplatten aus Wemding, Monheim und Rögling.

1511-1519 Errichtung der Zieglerkapelle, gestiftet vom Nördlinger Bürger und Reichsvizekanzler Nikolaus Ziegler, als Begräbniskapelle.

1521 Begräbnisse in St.Georg werden durch Ratsdekret abgestellt und im Ausnahmefall auf sehr angesehene Personen beschränkt.

1521 Ziegler-Altar von Hans Scheufelin für die Ziegler-Kapelle geschaffen. Seit 1682 als sogenannter Kleiner Altar vor dem Chorgitter (Altartafel), 1877 in die Lauinger-Kapelle versetzt.

1525 Fertigstellung des 1511 nach Plänen von Stephan Weyrer begonnenen Sakramentshauses. Figuren vom Bildhauer Ulrich Creycz.

1538/39 Haubenförmige Bedachung des Turmes nach Plänen von Stadtbaumeister Klaus Höflich, Kirchenmeister Stephan Weyrer d.J. und Polier Leonhard Beck.

1544 Gehäuse der Seitenorgel von Benedikt Klotz aus Dinkelsbühl.

1544/45 Malereien am Gehäuse und an den Flügeln der Seitenorgel von Jesse Herlin.

1568 Aufstellung des sogenannten Kleinen Altars von Jesse Herlin und Valentin Salomo vor dem Chorgitter (Fragmente jetzt im Stadtmuseum).

1571 Herrenempore an der Nordseite des Langhauses errichtet, die 1594 und 1667 erweitert wird.

1610 Emporenneugestaltung für Seitenorgel. Brüstungsbilder (Christus und die Apostel) sowie Fresken von Johann Simon Metzger.

1668-1672 Hauptorgel auf Westempore von Orgelbauer Paul Prescher aus Zittau/Niederlausitz errichtet. Figürlicher Schmuck von Bildhauer Johann Michael Ehinger, Gehäuse von den Schreinern Michael Löw und Adam Meyr.

1669 Zweigeschossige Bürgerempore an der Südseite neben der Orgel errichtet.

1677 Kleine Empore im Bogen der Ziegler-Kapelle errichtet (sog. »Äpfelbrückle«).

1681 Schalldeckel der Kanzel mit Figuren von Johann Michael Ehinger errichtet.

1682 Taufsteindeckel von Johann Michael Ehinger (1877 abgebrochen; Figur Johannes des Täufers erhalten).

1683 Frühbarocke Hochaltarumkleidung durch Johann Michael Ehinger, Matthäus Löw, Johann Georg Günzler und Johann Albrecht Gentner. Entfernung der Altarflügel (heute im Stadtmuseum).

1694 Neuanordnung der Kirchenstühle.

1694 Wengsche Empore unter der Orgelempore errichtet.

1792-1794 Neue Hauptorgel auf der Westempore durch Orgelbauer Joseph Höß aus Ochsenhausen errichtet.

1877-1887 Kirchenrestaurierung. Entfernung der hölzernen Emporen und des schmiedeeisernen Chorgitters. Neuaufhängung der Epitaphien und Totenschilde mit teilweiser Verbringung in Rathaus und Stadtmuseum.

1886-1889 Orgelneubau durch Georg Friedrich Steinmeyer aus Oettingen.

1945 Zerstörung von Hauptorgel und Westempore durch eine Sprengbombe.

1970 Kirchenrenovierung mit Neuordnung des Gestühls, neuem Bodenbelag und Einbau einer Raumluftheizung.

1970 Tischaltar von Bildhauer Johannes Engelhardt aus Wemding.

1971 Restaurierung des Hochaltars und Neuaufstellung des wiederentdeckten spätgotischen Schreines.

1974 Seitenorgel wird durch Brand zerstört.

1976/78 Rekonstruktion der Seitenorgel (Werk: Orgelbaufirma Willi Peter, Köln) und der Orgelempore.

1977 Hauptorgel durch Orgelbaufirma Willi Peter, Köln, fertiggestellt.

1991 Lesepult von Bildhauer Ernst Steinacker, Schloß Spielberg.

1995 Vortragekreuz und Osterleuchter von Bildhauer Egon Stöckle, Hohenfurch.

Spitalkirche zum Heiligen Geist:

um 1233/37 Erbauung von Langhaus und Chor.

um 1370 Wandmalereien der Nördlinger Schule (Christopherus und Passionsszenen).

um 1450 Holzkruzifixus, ursprünglich am Chorbogen.

1563 Langhauserhöhung und Erweiterung um zwei Joche nach Westen, Einfügung der Spitalkirche in die Fassade des Spitalgebäudes und Errichtung des Turmes unter Baumeister Caspar Walberger und Spitalmeister Marix Grambos.

1578 Altar mit Malereien des Nördlinger Malers Hieronymus Wehinger.

1848 Errichtung eines neugotischen Holzgewölbes über dem Langhaus.

Literaturverzeichnis

Anstett, Janssen, Marga, Art. Maria Magdalena, in: Lexikon der christlichen Ikonographie 7, Sp. 516-541

Appuhn, Horst, Einführung in die Ikonographie der mittelalterlichen Kunst in Deutschland, Darmstadt [4]1991

Baum, Julius, Die St. Georgskirche zu Nördlingen, in: 500 Jahre St. Georg Nördlingen, Nördlingen 1927, S. 3-5

Beyschlag, Daniel Eberhard, Beyträge zur Nördlingischen Geschlechtshistorie die Nördlingischen Epitaphien enthaltend gesammelt und mit historischen Anmerkungen erläutert, Nördlingen 1801

Bezzel, Ernst/Neureuther, Klaus/Schlagbauer, Albert (Hg.), Evangelische Gemeinden im Ries. Dekanatsbezirke Donauwörth, Nördlingen, Oettingen und Ostregion des Kirchenbezirkes Aalen, Erlangen 1981

Bezzel, Ernst, Das Sakramentshäuschen von St. Georg, in: Evang. Gemeindebote für die Kirchengemeinde Nördlingen 19. 1991, Nr. 8/9 und Nr. 10/11

Boos, Gerhard, Der Weg des Friedens. Die Weihnachtsgeschichte in Bildern von Friedrich Herlin, Eschbach/Markgräflerland 1992

Braun, Joseph, Trachten und Attribute der Heiligen in der deutschen Kunst, Berlin [3]1988

Braunfels, Sigrid, Art. Georg II. Westen, in: Lexikon der christlichen Ikonographie 6, Sp. 373-390

Brügel, Max, Ein Gang um und durch die St. Georgskirche, in: 500 Jahre St. Georg Nördlingen, Nördlingen 1927, S. 5-7

Dokumentation zur Festwoche 550 Jahre St. Georgskirche in Nördlingen vom 26. Juni - 3. Juli 1977, Nördlingen 1977

Dolp, Daniel Eberhart, Gründlicher Bericht Von dem alten Zustand, und erfolgter Reformation Der Kirchen, Klöster und Schule des H. Reichs Stadt Nördlingen und ihrem angehörigen Gebiet. Ingleichem Von denen in der Stadt annoch befindlichen geistlichen Casten = und anderen Häussern Aus allgemeinen und besondern Nachrichten verfasset, Mit vielen bewährten auch bißhero größtentheils unbekannten nützlichen Urkunden und Beylagen, Nördlingen 1738

Dorn, Ernst, Nördlingen - eine der ersten mittelalterlichen Städte mit besoldetem »Orgelmeister«, in: Jahrbuch des Historischen Vereins für Nördlingen und Umgebung 11.1927, S. 31-33

Dorn, Ernst, Der Künstler des Kruzifixus am Hochaltar der St. Georgskirche in Nördlingen, in: Jahrbuch des Historischen Vereins für Nördlingen und Umgebung 11.1927, S. 33-36

Fandrey, Carla, Das Leiden Christi im Andachtsbild. Zur Entwicklung der wichtigsten Bildtypen, in: Christus im Leiden · Kruzifixe · Passionsdarstellungen aus 800 Jahren. Württembergisches Landesmuseum Stuttgart, Stuttgart 1985, S. 33-43

Fischer, Hermann/Wohnhaas, Theodor, Die historischen Orgeln von St. Georg in Nördlingen, in: Jahrbuch des Historischen Vereins für Nördlingen und das Ries 26.1980, S. 85-117

Gerlach, Peter, Art. Kugel, in: Lexikon der christlichen Ikonographie 2, Sp. 695-700

Göttler, Christine, Das älteste Zwingli-Bildnis? - Zwingli als Bild-Erfinder: Der Titelholzschnitt zur »Beschreibung der göttlichen müly«, in: Altendorf, Hans-Dietrich/Jezler, Peter (Hg.), Bilderstreit. Kulturwandel in Zwinglis Reformation, Zürich 1984, S. 19-39

Gröber, Karl/Horn, Adam, Die Kunstdenkmäler von Schwaben und Neuburg. II. Nördlingen, München 1940

Hausen, Edmund, Ein Engel vom Nördlinger Hochaltar im Pfälzischen Gewerbemuseum Kaiserslautern. Sonderdruck aus »Oberrheinische Kunst«, Jahrgang VI, Freiburg 1933

Hilger, Hans Peter, Der Hochaltar von St. Georg in Nördlingen. Bericht über das Colloquium vom 24.-26. Oktober 1972 in Nördlingen, in: Kunstchronik 26.1973, S. 198-215

Jászai, Géza, Art. Jerusalem, Himmlisches, in: Lexikon der christlichen Ikonographie 2, Sp. 394-399

Keller, Hiltgart L., Reclams Lexikon der Heiligen und der biblischen Gestalten. Legende und Darstellung in der bildenden Kunst, Stuttgart [4]1979

Keßler, Hermann, Nördlingen. Tore - Türme - Traditionen, Nördlingen 1996

Klotz, Hans/Supper, Walter (Hg.), Vierzig Orgelgehäuse - Zeichnungen von Arthur G. Hill, Berlin o. J.

Krohm, Hartmut, Bemerkungen zur kunstgeschichtlichen Problematik des Herlin-Retabels in Rothenburg o. T., in: Jahrbuch der Berliner Museen 33.1991, S. 185-208

Krüger, Ralf, Studien zu Friedrich Herlin am Beispiel der drei Flügelaltäre in Nördlingen, Rothenburg und Bopfingen. Magisterarbeit im Fach Kunstgeschichte der FU Berlin, Berlin 1991 (masch.schr.)

Laag, Heinrich/Jászai, Géza, Art. Kreuztragung Jesu, in: Lexikon der christlichen Ikonographie 2, Sp. 649-653

Lade, Günter, Die Orgeln der St.-Georgs-Kirche Nördlingen, Nördlingen 1986

Legner, Anton, Art. Christus, Christusbild IV. Das Christusbild der gotischen Kunst, in: Lexikon der christlichen Ikonographie 1, Sp. 414-425

Letztes Ehrengedächtniß Des Weyland Hochwürdigen, in GOtt Andächtigen und Hochgelahrten Herrn, HERRN Johann Christoph Majers, Gewesenen hochverdienten 32.jährigen Superintendentens, Stadtpfarrers, Consistorialis und Inspectoris der gesamten Schulen in der des H.R.R. Stadt Nördlingen, Welcher ... daselbst den 24. September 1769 ... sanft und selig entschlief ... , Ansbach 1769

Lichtblau, Franz, 10 Jahre Bauarbeiten in St. Georg, in: 550 Jahre St. Georgskirche in Nördlingen, Nördlingen 1977, S. 6-8

Lotter, Karl (Hg.), Rieser Kirchenbuch. Geschichte der evangelischen Pfarreien des Rieses, Nördlingen 1956

Luther, Hermann, Die Leistungen der Nachkriegsgeneration an St. Georg zu Nördlingen, in: Rieser Kulturtage. Dokumentation Bd. 3/1980, S. 244-256

Mayer, Christian, Die Stadt Nördlingen, ihr Leben und ihre Kunst im Lichte der Vorzeit, Nördlingen 1876

Meckseper, Cord, Kleine Kunstgeschichte der deutschen Stadt im Mittelalter, Darmstadt [2]1991

Mersmann, Wiltrud, Art. Schmerzensmann, in: Lexikon der christlichen Ikonographie 4, Sp. 87-95

Metzger, Christof, Die Malerei der Reichsstadt Nördlingen vor Friedrich Herlin, in: Rieser Kulturtage. Dokumentation Bd. IX. 1993, S. 329-355

Metzger, Christof, Reformatorische Bilder im Werk Hans Schäufelins (1480/85-1539/40), in: Rieser Kulturtage. Dokumentation Bd. XI 1996, Nördlingen 1997, S. 356-375

Meurer, Heribert, Triumph und Passion. Zur Entwicklung des Kruzifixes, in: Christus im Leiden · Kruzifixe · Passionsdarstellungen aus 800 Jahren. Württembergisches Landesmuseum Stuttgart, Stuttgart 1985, S. 21-32

Monninger, Georg, Die Epitaphien in der St. Georgskirche, in der Spitalkirche und im städtischen Museum zu Nördlingen, Nördlingen 1914

Monninger, Georg, Das Ries und seine Umgebung (1893), Nördlingen 1984 (Reprint)

Nicolaisen, Jan/Schellenberger, Simona, Vorschlag für eine Neuaufstellung im Nördlinger Hochaltarretabel des Friedrich Herlin, in: Jahrbuch der Berliner Museen 33.1991, S. 209-212

Nilgen, Ursula, Art. Evangelisten und Evangelistensymbole, in: Lexikon der christlichen Ikonographie 1, Sp. 696-713

Oellermann, Eike, Die Schnitzaltäre Friedrich Herlins im Vergleich der Erkenntnisse neuerer kunsttechnologischer Untersuchungen, in: Jahrbuch der Berliner Museen 33.1991, S. 213-238

Osteneck, Volker, Art. Zwölfjähriger Jesus im Tempel, in: Lexikon der christlichen Ikonographie 4, Sp. 583-589

Popp, Helmut, Nördlingen. Lesarten einer Stadt. Darstellung Nördlingens in Chroniken, Lebenserinnerungen und Reiseberichten (Historische Reihe des Arbeitskreises Heimatliteratur und Volksmusik im Verein Rieser Kulturtage e.V. 1), Nördlingen 1992

Poscharsky, Peter, Die Kanzel. Erscheinungsform im Protestantismus bis zum Ende des Barocks (Schriftenreihe des Instituts für Kirchenbau und kirchliche Kunst der Gegenwart 1), Gütersloh 1963

Poscharsky, Peter, Lutherische Altarbilder aus Nördlingen, in: Rieser Kulturtage. Dokumentation Bd. XI 1996, Nördlingen 1997, S. 376-395

Ramisch, Hans K., Zum Meister des Nördlinger Hochaltars, in: Jahrbuch der Staatlichen Kunstsammlungen in Baden-Württemberg 8.1971, S. 19-34

Raschzok, Klaus, 500 Jahre Taufstein in St. Georg, in: Evang. Gemeindebote für die Kirchengemeinde Nördlingen 20.1992, Nr. 10/11, S. 1-2

Raschzok, Klaus, St. Georg und der »Schoßdrache«, in: Evang. Gemeindebote für die Kirchengemeinde Nördlingen 21.1993, Nr. 8/9, S. 1-2

Raschzok, Klaus, Christusberührung, in: Evang. Gemeindebote für die Kirchengemeinde Nördlingen 22.1994, Nr. 4/5, S. 1-2

Raschzok, Klaus, Das Schweißtuch der Veronika, in: Evang. Gemeindebote für die Kirchengemeinde Nördlingen 23.1995, Nr. 2/3, S. 1

Raschzok, Klaus, Der Taufstein der St. Georgskirche Nördlingen 1492-1995. Ein Weg durch Zeit und Kirchenraum, in: Kirche + Kunst 73.1995, S. 2-4

Raschzok, Klaus, Eine Engelspredigt zur Christnacht, in: Kirche + Kunst 73.1995, S. 25-26

Raschzok, Klaus, Ein Nördlinger Lutherbildnis von 1609, in: Evang. Gemeindebote für die Kirchengemeinde Nördlingen 24.1996, Nr. 2/3, S. 1-2

Raschzok, Klaus, Der Feier Raum geben. Zu den Wechselbeziehungen von Raum und Gottesdienst, in: Für den Gottesdienst Nr. 48/1996, S. 22-35

Raschzok, Klaus, Luther-Bilder aus Nördlinger Besitz, in: Kirche + Kunst 74.1996, S. 27-32

Raschzok, Klaus, Maria Magdalena - die unbekannte Frau in St. Georg, in: Evang. Gemeindebote für die Kirchengemeinde Nördlingen 25.1997, Nr. 4/5, S. 1-2

Raschzok, Klaus, Adler, Löwe, Stier und Drache. Die Tierwelt der Nördlinger Kanzel von 1499, in: Unser Auftrag Heft 12/1997, S. 20-23

Raschzok, Klaus/Voges, Dietmar-H., »Dem Gott gnädig sei«. Totenschilde und Epitaphien in der St. Georgskirche Nördlingen, Nördlingen 1998

Rebel, Ernst, Lucas Cranachs Porträtkunst. Personendarstellungen zwischen Vitalität und Formel, in: Grimm, Claus/Erichsen, Johannes/Brockhoff, Evamaria (Hg.), Lucas Cranach. Ein Maler-Unternehmer aus Franken (Veröffentlichungen zur Bayerischen Geschichte und Kultur 26), München 1994, S. 131-138

Reinle, Adolf, Die Ausstattung deutscher Kirchen im Mittelalter. Eine Einführung, Darmstadt 1988

Rublack, Hans-Christoph, Eine bürgerliche Reformation: Nördlingen (Quellen und Forschungen zur Reformationsgeschichte 51), Gütersloh 1982

Sachs, Hannelore/Badstübner, Ernst/Neumann, Helga, Christliche Ikonographie in Stichworten, München 1975

Schädler, Alfred, Studien zu Nicolaus Gerhaert von Leiden. Die Nördlinger Hochaltarfiguren und die Dangolsheimer Muttergottes in Berlin, in: Jahrbuch der Berliner Museen 16.1974, S. 46-82

Schad, Martha, Afra. Bilder einer Heiligen, Augsburg 1993

Scherbaum, Michael, Zur Baugeschichte des Daniels und der St. Georgskirche in Nördlingen, Nördlingen 1991 (limitierter Privatdruck)

Scherbaum, Michael, Zur Baugeschichte von St. Georg, Stadtpfarrkirche in Nördlingen, in: Rieser Kulturtage. Dokumentation Bd. XI 1996, Nördlingen 1997, S. 396-412

Schlagbauer, Albert/Neureuther, Klaus, Die St. Georgskirche in Nördlingen, Nördlingen 1980

Schlagbauer, Albert, Nördlingen St. Georg (Schnell-Kunstführer 1418), München und Zürich [5]1993

Schlagbauer, Albert/Kavasch, Wulf-Dietrich (Hg.), Rieser Biographien, Nördlingen 1993

Schmid, Elmar D., Der Nördlinger Hochaltar und sein Bildhauerwerk - Rekonstruktion, Stil, Frage des Meisters (Nicolaus Gerhaert von Leiden), Datierung, Ausstrahlung im Nördlinger Raum, München 1971

Schmid, Elmar D., Nördlingen - die Georgskirche und St. Salvator, Stuttgart und Aalen 1977

Schuster, Peter-Klaus, Individuelle Ewigkeit: Hoffnungen und Ansprüche im Bildnis der Lutherzeit, in: Buck, August (Hg.), Biographie und Autobiographie in der

Renaissance (Wolfenbütteler Abhandlungen zur Renaissanceforschung 4), Wiesbaden 1983, S. 121-173

Schuster, Peter-Klaus, Abstraktion, Agitation und Einfühlung. Formen protestantischer Kunst im 16. Jahrhundert, in: Hofmann, Werner (Hg.), Luther und die Folgen für die Kunst, München 1983, S. 115-125

Simon, Gerhard, Humanismus und Konfession. Theobald Billican, Leben und Werk (Arbeiten zur Kirchengeschichte 49), Berlin und New York 1980

Sörries, Reiner, Die Evangelischen und die Bilder. Reflexionen einer Geschichte, Erlangen 1983

Taubert, Johannes, Friedrich Herlins Nördlinger Hochaltar von 1462. Fundbericht, in: Kunstchronik 25.1972, S. 57-61

Trautner, Friedrich-Wilhelm, Die große Orgel in der St. Georgs-Hauptkirche zu Nördlingen, Nördlingen 1899

Trautner, Friedrich-Wilhelm, Zur Geschichte der evangelischen Liturgie und Kirchenmusik in Nördlingen. Eine Studie, Nördlingen 1913

Trüdinger, Karl, Die Kirchenpolitik der Reichsstadt Nördlingen im Spätmittelalter, in: Jahrbuch des Vereins für Augsburger Bistumsgeschichte 11.1977, S. 179-219

Trüdinger, Karl, Die Nördlinger St. Georgskirche und die Bürgerschaft der Stadt im Spätmittelalter, in: Horst Rabe u.a. (Hg.), Festgabe E. W. Zeeden zum 60. Geburtstag, Münster 1976, S. 142-152

Ulbrich, Rudolf, Friedrich Herlin von Rothenburg, Maler zu Nördlingen, Schöpfer der spätgotischen Hochaltäre von Nördlingen, Rothenburg und Bopfingen, in: Rieser Kulturtage. Dokumentation Bd. VIII. 1990, S. 312-331

Urban, Martin, Art. Chorgestühl, in: Reallexikon der Deutschen Kunstgeschichte III, Sp. 514-537

Voges, Dietmar-H., Daten zur Geschichte des Kirchenbaues und zur Ausstattung, in: 550 Jahre St. Georgskirche in Nördlingen, Nördlingen 1977, S. 3-4

Voges, Dietmar-H., Katalog zur Ausstellung im Stadtmuseum Nördlingen, in: 550 Jahre St. Georgskirche in Nördlingen, Nördlingen 1977, S. 29-32

Voges, Dietmar-H., Die Reichsstadt Nördlingen. 12 Kapitel aus ihrer Geschichte, München 1988

Voges, Dietmar-H., Totenschilde in der St. Georgs-Kirche in Nördlingen, in: Schönere Heimat 78.1989, Heft 2, S. 68-72

Voges, Dietmar-H., Ausgewählte Daten und Fakten zur Bau- und Entwicklungsgeschichte des Nördlinger Spitals, in: Rieskratermuseum Nördlingen, Nördlingen 1990, S. 19-27

Voges, Dietmar-H., Friedrich Wilhelm Doppelmayr. Katalog zur Gedächtnisausstellung in Nördlingen und Rosenheim zum 150. Todestag, Nördlingen o. J. (1995)

Voges, Dietmar-H., Nördlingen seit der Reformation. Aus dem Leben einer Stadt, München 1998

Vollmar, Bernd, Eine mittelalterliche Weltgerichtsdarstellung in Nördlingen, in: Rieser Kulturtage. Dokumentation Bd. IX. 1993, S. 375-387

Voragine, Jacobus de, Die Legenda aurea. Aus dem Lateinischen übersetzt von Richard Benz, Heidelberg [10]1984

Warnke, Martin, Cranachs Luther. Entwürfe für ein Image, Frankfurt/M. 1985

Weber, Wilhelm, Der Nördlinger Engel in der Pfalzgalerie - Zuschreibung an Nicolaus Gerhaert, in: Der Nördlinger Engel. Eine Dokumentation zur Ausstellung 1976/77. Pfalzgalerie Kaiserslautern o. J.

Weis, Elisabeth, Art. Johannes der Täufer (Baptista), der Vorläufer (Prodromos), in: Lexikon der christlichen Ikonographie 7, Sp. 164-190

Wex, Reinhold, Ordnung und Unfriede. Raumprobleme des protestantischen Kirchenbaus im 17. und 18. Jahrhundert in Deutschland, Marburg 1984

Wulz, Gustav, Der Meister der Figuren des Nördlinger Hochaltars, in: Jahrbuch des Historischen Vereins für Nördlingen und Umgebung 18.1934/35, S. 41-62

Wulz, Gustav, Die Nördlinger Maler vom 15. bis 18. Jahrhundert, in: Jahrbuch des Historischen Vereins für Nördlingen und Umgebung 18.1934/35, S. 69-79

Wulz, Gustav, Der Maler Hieronymus Wehinger, in: Der Rieser Heimatbote Nr. 150/1940

Wulz, Gustav, Der Maler Hieronymus Wehinger, in: Jahrbuch des Historischen Vereins für Nördlingen und Umgebung 22.1940/41, S. 118-127

Wulz, Gustav, Nördlingens Kirchturm. Der Daniel, in: Der Daniel. Heimatkundlich-kulturelle Zweimonatsschrift für das Ries und Umgebung, 1.1964, H. 1, S. 4-9

Zipperer, Gustav Adolf, St. Georg. Ein Gang durch Nördlingens Hauptkirche, Nördlingen 1949

Zipperer, Gustav Adolf, Nördlingen St. Georg, Nördlingen 1954

Zipperer, Gustav Adolf, Nördlingen. Führer durch die ehem. Freie Reichsstadt, Donauwörth o. J. (5. Aufl.)

Zipperer, Gustav Adolf/Schmid, Elmar D., Nördlingen St. Georg, Nördlingen o. J.

Zipperer, Gustav Adolf, Nördlingen. Lebenslauf einer schwäbischen Stadt, Nördlingen 1979

Zoepfl, Friedrich, Art. Afra von Augsburg, in: Lexikon der christlichen Ikonographie 5, Sp. 38-41

Hermann Keßler

Nördlingen

Tore – Türme – Traditionen

Leinenband in Schutzumschlag

*Bildband, 264 Seiten mit
322 Farbbildern und 23 Abbildungen
in schwarz-weiß, Format 24 x 30 cm*

Ein einmaliges Werk über die Entwicklung der Stadt von der Gründung bis zur
heutigen Zeit.

DM 98,–

Sporhan-Krempel

Die Hexe
von Nördlingen

Das Schicksal der Maria Holl
Format DIN A 5. Umfang 314 Seiten mit
22 Abbildungen bzw. Faksimile vom
Original aus dem Nördlinger Stadtarchiv
und 20 Schwarzweiß-Bildern aus den
Aufführungen in der Freilichtbühne,
kartoniert.

DM 24,80

Druckerei & Verlag Steinmeier

86720 Nördlingen · Reutheweg 29–31 · Tel. 0 90 81/29 64-0

Das Ries
Eine einzigartige Landschaft

200 Seiten,
136 Abbildungen
Format 26 x 24 cm

DM 48,60

Herbert Dettweiler/Fritz Steinmeier

Der vorliegende Bildband über das Ries entstand auf Anregung
der „Rieser-Heimatkalender-Gemeinde". Viele Heimatfreunde hatten ständig bedauert, daß die schönen Bilder alljährlich verloren
gingen. So machten sich der Fotograf Fritz Steinmeier und Texter
Herbert Dettweiler an die Arbeit, ergänzten den Fundus, gruppier-
ten die Bilder thematisch, erstellten ein übersichtliches Inhaltsver-
zeichnis mit über 100 Ortsangaben von Alerheim bis Zipplingen
und können nun einen wertvollen Bildband vorstellen. Ein mehr-
seitiger Aufsatz zur Entstehung und Besiedlung des Rieses, über
Land und Leute, Städte und Märkte führt den Betrachter und
Leser ein in diese „einzigartige Landschaft".

Druckerei & Verlag Steinmeier

86720 Nördlingen · Reutheweg 29–31 · Tel. 0 90 81/29 64-0

Wir führen weitere 42 Titel an Heimatliteratur. Bitte Prospekt anfordern.